中國學術思想 研究輯刊

二七編

林慶彰 主編

第20冊

周易禪解觀止（下）

趙太極 著

花木蘭文化事業有限公司

國家圖書館出版品預行編目資料

周易禪解觀止（下）／趙太極 著 -- 初版 -- 新北市：花木蘭
文化事業有限公司，2018〔民107〕
目 4+150 面；19×26 公分
（中國學術思想研究輯刊 二七編；第 20 冊）
ISBN 978-986-485-390-8（精裝）
1. 易經 2. 研究考訂
030.8   107001886

ISBN-978-986-485-390-8

中國學術思想研究輯刊
二七編　第二十冊　　　　　　ISBN：978-986-485-390-8

周易禪解觀止（下）

作　　　者　趙太極
主　　　編　林慶彰
總 編 輯　杜潔祥
副總編輯　楊嘉樂
編　　　輯　許郁翎、王　筑　美術編輯　陳逸婷
出　　　版　花木蘭文化事業有限公司
發 行 人　高小娟
聯絡地址　235 新北市中和區中安街七二號十三樓
　　　　　　電話：02-2923-1455／傳真：02-2923-1452
網　　　址　http://www.huamulan.tw　信箱　hml 810518@gmail.com
印　　　刷　普羅文化出版廣告事業
封面設計　劉開工作室
初　　　版　2018 年 3 月
全書字數　278127 字
定　　　價　二七編 25 冊（精裝）新台幣 48,000 元

周易禪解觀止（下）

趙太極　著

目

次

第五章　《周易禪解》之「眞理觀」

　　本章結構共分成三節：首先，解明「天台六即」思想的淵源與意涵，論述天台智顗教觀並重的六即思想的精蘊所在，以及探討智旭在《教觀綱宗》中的六即思想爲何。其次，闡述「智旭以『六即』分釋《周易》」的內涵。再者，探討「智旭以『六即』合釋《周易》」的詮釋內涵，列舉《周易禪解》與「天台六即思想」之關涉內容，從而掌握義理詮釋的脈絡，展現易經卦爻時位與六即巧妙聯繫、呼應來顯揚佛法的堂奧，結證「天台圓教六即思想」在智旭《周易禪解》的重要性與智旭詮釋思想之特色。

　　由於《易經》爲儒家的羣經之首，在尙未進入討論主題前，吾人可以先來關懷一下儒家在理論與實踐之間如何平衡運用，再回頭探究《周易禪解》中的「眞理觀」與「方法論」，當有更深層的體悟。誠如蔡仁厚在《王陽明哲學》一書中論及：「儒家的義理思想，總是落實在道德實踐上，以成德性成人格爲本旨；因而亦常常直探心性之源，而有其奧旨微義。宋明儒之所以注重講習，注重工夫指點，正是由於這些道理，必須在師友的親炙薰習之中，才更能貼切而不走作，才更能眞實受用。這是『生命的學問』，不是單純的讀書講文或解釋字義之事，書講錯了，字義解釋錯了，改正一下下即可；而在生命的學問中，若有走作，有乖舛，那就是德性生命生死交關的事。所以陸象山常說『這裡是刀鋸鼎鑊的學問』。不但差之毫釐，謬以千里，而且會誤妄一生的。」〔註1〕而在佛家幾以「佛性」與「般若」可概括佛家整體的思想內涵，三藏十二部及現在、未來無數的學術研究、講經說法、著書立說⋯⋯，這一

〔註 1〕蔡仁厚：《王陽明哲學》（臺北：三民書局，1983 年），頁 91。

切無非欲藉生命的學問之開顯，以達到知而行、行致知，知即對真理的認識、行則爲對知的實際踐履的工夫，知、行相資相成，儒、佛同論。若明此理，於第六章之論述將貫串無礙，直指一念三千、一心三觀眞詮，旨歸諸法實相。

第一節　「天台圓教六即思想」之淵源與意涵

當吾人欲探究一思想之精義，必先掌握其思想淵源與脈絡，俾利思想義理上的辨明，以達登堂入室之功。何謂天台六即？其思想淵源爲何？天台六即能表徵禪觀實踐階位的原因何在？天台六即又稱之爲「六即佛」，此論說主要立基於智顗所獨創「正因佛性」、「緣因佛性」、「了因佛性」的「三因佛性說」的見解，藉以闡釋眾生成佛的可能性與先天上的依據。智顗透過「三因佛性」的證成來圓融一切諸法，以支撐「一色一香，莫非中道」的天台圓教性具思想的根基。

一、「天台圓教六即思想」之淵源

如上所述，「六即佛」的思想實淵源自佛性思想，殆無疑義，此徵引由智者大師的五時判教，可得明確佐證。王邦雄等如是說：「五時者，將佛陀成道後說法之經過分爲五階段（當然此是一種按義理說的邏輯的次序，並非歷史的事實）。智顗又取《涅槃經‧聖行品》所云：『譬如，從牛出乳，從乳出酪，從酪生酥，從生酥出熟酥，從熟酥出醍醐』之喻，而將『五味』配五時……。」〔註2〕釋迦說法可分成五個階段：華嚴時、鹿苑時、方等時、般若時及法華涅槃時，如智旭在《教觀綱宗》中言：

> 且約一代，略判五時：一華嚴時，正說圓教，兼說別教，約化儀名頓。二阿含時，但說三藏教，約化儀名漸初。三方等時，對三藏教半字生滅門，說通別圓教滿字不生不滅門，約化儀名漸中。四般若時，帶通別二權理，正說圓教實理，約化儀名漸後。五法華涅槃時，法華開三藏通別之權，唯顯圓教之實，深明如來設教之始終，具發如來本跡之廣遠。〔註3〕

〔註2〕王邦雄、岑溢成等：《中國哲學史》，冊下，頁405～407。
〔註3〕智旭：《教觀綱宗》，《大正藏》冊46，頁936下。

如上五時八教之內涵，可由下列表述得到清晰的概念，亦方便於以下析論藏、通、別、圓等化法四教時能瞭解其基本背景：

分期	五時	表徵	化儀四教	化法四教
一	華嚴	兼（兼說別教）	頓	圓別
二	阿含	但（但說三藏）	漸初	藏
三	方等	對（對小明大）	漸中	「藏」半字生滅門；「通別圓」滿字不生不滅門。
四	般若	帶（帶通別說圓）	漸後	通別圓
五	法華涅槃	唯（純說圓教）	會漸歸頓非漸非頓	圓

　　智顗既取《涅槃經》作爲判教之所本，可見《涅槃經》必然有其特殊的意涵，根據釋恆清的研究指出：「佛性思想是《涅槃經》的精髓」〔註4〕，又言：「《涅槃經》的中心議題是『如來常住』、『涅槃四德』、『悉有佛性』、『一闡提成佛』，而貫穿這些議題的是它的佛性觀。」〔註5〕續言：「高舉『如來藏自性清淨心』的眞常系思想，則宣揚人性中本有佛性的存在。《如來藏經》、《勝鬘夫人經》、《大般涅槃經》、《楞伽經》等是其主要的經典依據。」〔註6〕智顗天台思想判教的主要依據，實植基於中國佛性思想的闡揚之上，智顗依開顯佛性與度化眾生的層面廣狹、深淺作爲教理是否圓滿的判定標準；甚至智顗繼承南北期末葉和隋朝當時佛性思潮的優點，進而將《涅槃經》闡述眾生如何成就佛性的兩種原因（「正因」、「緣因」兩種佛性的因），開展出三因佛性之義理，智顗如是說：

> 云何三佛性？佛名爲覺，性名不改。不改即非常非無常，如土內金藏，天魔外道所不能壞，名正因佛性。了因佛性者，覺智非常非無常。智與理相應，如人善知金藏。此智不可破壞，名了因佛性。緣因佛性者，一切非常非無常。功德善根，資助覺智，開顯正性，如耘除草穢，掘出金藏，名緣因佛性。〔註7〕

在《涅槃經》裡處處揭橥「一切眾生悉有佛性」的佛性思想，透過智顗的三因佛性則更能令人領悟眾生之所以能夠成就佛性的原因。智顗認爲，眾生的

〔註4〕釋恆清：《佛性思想》（臺北：東大圖書公司，1997年），頁19。
〔註5〕參見釋恆清：《佛性思想》，頁39。
〔註6〕參見釋恆清：《佛性思想》，頁73～74。
〔註7〕智顗：《金光明經玄義》，《大正藏》冊39，〈卷上〉，頁4上。

覺性是永不變遷、在任何狀況下也無法被摧壞，眾生本具，此爲成佛正因。其次，當眾生生起智慧去如理觀照所觀境時，則能顯了佛性的存在，因此，智慧便被稱之爲了因佛性。功德善根則爲緣因佛性，它不但可以來資助覺悟的智慧，更可藉以開顯佛性。析論至此，智顗的天台六即思想淵源於佛性思想的論證，呼之欲出、躍然紙上，甚至可以這麼說，沒有佛性思想的義理支撐，便沒有五時八教的判教活動，更沒有天台六即的義理存在；解明天台六即思想淵源於佛性思想，則能釐清智旭思想之所由與義理之舒展，進而幫助吾人對於全文的梳理與融貫。

二、「天台圓教六即思想」之意涵

承上論，已明天台六即思想淵源於佛性思想，以下續論天台六即之意涵。如《論語》所言：「君子務本，本立而道生」，意謂君子若能凡事專用力於根本，根本既立，則其道自生；同樣地，既已解明天台六即之所由，自能繼而通曉六即所蘊含的義理。

簡言之，天台圓教所指涉的「六即」，又稱之爲「六即佛」，何謂「六即」？根據創立「六即」理論者——智顗說：「三界無別法，唯是一心，作心能地獄，心能天堂，心能凡夫，心能賢聖。覺觀心是語本，以心分別於心，證心是教相也；觀心生起者，以心觀心，由能觀心，有所觀境，以觀契境故，從心得解脫故。」〔註8〕此言心、佛、眾生，三無差別之理，藉由以心觀心，由能觀之心來觀境，進而以觀心契入所觀之境，由觀心的修行進路達到修行的成果——涅槃、解脫。遠在隋朝的智者大師即已洞知「如人說食終不飽」之缺陷，知觀心妙理卻徒侈言悟境，卻不致力於實踐觀心工夫的流弊，因此他在《妙法蓮華經玄義》述及創立「六即」的原因，智顗言：

> 未得謂得、未證謂證，偏觀之失也！何者？視聽馳散，如風中燈照
> 物不了，但貴耳入口出，都不治心。自是陵人，增見長非；把刃自
> 傷，解牽惡道。由其不習觀也。若觀心人謂，即心而是，已則均佛，
> 都不尋經論，墮增上慢。此則抱炬自燒，行牽惡道，由不習聞也。
> 若欲免貧窮，當勤三觀；欲免上慢，當聞六即。世間相常住，理即
> 也；於諸過去佛，若有聞一句，名字即也；深信隨喜，觀行即也；

〔註8〕〔隋〕智顗說：《妙法蓮華經玄義》卷1，《大正藏》冊33，頁685下。

六根清淨，相似即也；安住實智中，分證即也；唯佛與佛究盡實相，
究竟即也。修心內觀，則有法財；正信外聞，無復上慢。眼慧明聞，
具足利益，何得不觀解耶？〔註9〕

可見智顗首創六即在於強調，如果想要免去修行資糧上的貧窮所產生的困
窘，則應當勤息空、假、中三觀；相對地，如果想要免去增上慢的過失，則
應當聽聞六即的教法。換句話說，六即的禪觀可以：「修心內觀，則有法財；
正信外聞，無復上慢。」引導修習禪觀者觀心，以救「但貴耳入口出，都不
治心」的時弊，如修觀心的人所說的，以爲即心是佛，不必經過修觀的過程，
動輒妄認自己已成就佛果，也不管經論上如何論說，於是墮入了未得謂得、
未證謂證的增上慢中，而不自知。因此，六即正是爲免去增上慢所獲致的種
種過失而設，使觀心、觀境的歷程更爲具體，更利於禪觀的實踐。智旭在《靈
峰宗論》亦說道：「圓頓行人，春夏秋多，無非觀心之期，晝夜六時，無非觀
心之會，行住坐臥，無非觀心之事，說法聽法，無非觀心之緣。若必待多期
結制，而後觀心，則三時講演，仍說食數寶矣。講聽時不與心觀相應，觀心
時亦決不與教理相應。若是縱百春夏秋講經，百多觀心，到底是兩橛事。書
生麤浮領略，無超方出格知見，出言鄙陋，從來可歎。」〔註10〕智顗將觀心
者與所觀境（眞理）相即、混融一體的過程，分爲六個階段，亦即藉由六即
的階次來表示由凡夫修行，乃至佛果的位次，分別爲：

①理即——世間相常住。

②名字即——於諸過去佛，若有聞一句。

③觀行即——深信隨喜。

④相似即——六根清淨。

⑤分證即——安住實智中。

⑥究竟即——唯佛與佛究竟實相。

上述爲智顗六即之說的最早文獻根據之一，此處勾勒出體證佛性的階位
地圖，說明佛性常住於世間，但不易爲人所察覺，因此須透過理上的認可外，
更須透過聞佛說法、深信隨喜，使得六根清淨，進而安住實智中，獲得唯佛
與佛才能證得的究竟實相。此處所論過於簡略，不易全盤瞭解，吾人可參看
智顗在《摩訶止觀》之中如何來進一步詮釋六即的義理，以獲得對六即的正

〔註9〕〔隋〕智顗說：《妙法蓮華經玄義》卷1，《大正藏》冊33，頁685下。

〔註10〕智旭：《靈峰宗論》，《嘉興藏》冊36，頁340下。

確無誤的理解。

智旭的六即觀點如何？智旭與智顗對於六即的論述差異何在？智旭於《教觀綱宗》開門見山地說：

> 佛祖之要，教觀而已矣。觀非教不正，教非觀不傳；有教無觀則罔，有觀無教則殆。然統論時教，大綱有八，依教設觀，數亦略同。八教者。一頓、二漸、三祕密、四不定，名爲化儀四教，如世藥方。五三藏、六通、七別、八圓，名爲化法四教，如世藥味。當知頓等所用，總不出藏等四味。藏以析空爲觀，通以體空爲觀，別以次第爲觀，圓以一心爲觀。四觀各用十法成乘，能運行人，至涅槃地。藏通二種教觀，運至真諦涅槃；別圓二種教觀，運至中諦大般涅槃。藏、通、別三，皆名爲權，唯圓教觀乃名真實。就圓觀中，復有三類：一頓、二漸、三不定也。爲實施權，則權含於實；開權顯實，則實融於權。良由眾生根性不一，致使如來巧說不同。〔註11〕

由上引文得知，智旭的判教思想基本上是繼承了智顗的判教系絡，不論如何分判教義，皆爲如來爲根性不同的眾生所作的權宜施教。智旭統整心要，直指「佛祖之要，教觀而已矣。觀非教不正，教非觀不傳；有教無觀則罔，有觀無教則殆。」此處充分說明瞭佛陀教化眾生的本懷是爲了讓眾生成佛，根據不同根器的眾生施以不同的教化內容，於是藉著化儀四教（一頓、二漸、三祕密、四不定，如世藥方）與化法四教（三藏、通、別、圓，名爲化法，如世藥味），來指導禪觀（藏以析空爲觀，通以體空爲觀，別以次第爲觀，圓以一心爲觀）以契入佛境，達到開顯覺智、達到涅槃的目的。換言之，佛陀爲醫治眾生八萬四千種病的大醫王，他依眾生領悟真理程度的差異性，猶如中醫師透過望、聞、問、切四診來診療眾生病，依據病情、病況來開藥方（化儀四教），每一帖藥方則含藏不同的藥味（化法四教），逐步來治癒眾生病。

綜觀整部《教觀綱宗》，論述化法四教──藏、通、別、圓各教的「六即」部分就超過了全書一半的篇幅，而且智旭巧妙地藉由六即與天台化法四教中對六即的各別見解，予以對應並貫串修證禪觀時所達到的五十二階位，將能斷滅與所修證的內涵加以對照，織列真理階位之清與經緯法界層次之明，令人嘖嘖稱奇、嘆爲觀止；使得後來的修禪觀者，能依天台六即之理，循序漸修，以臻究竟圓滿。

〔註11〕智旭：《教觀綱宗》，《大正藏》冊46，頁936下。

智旭在《教觀綱宗》中言：

> 正約此教，方論六即（前三雖約當教，各論六即，咸未究竟；以藏
> 通極果，僅同此教相似即佛；別教妙覺，僅同此教分證即佛。又就
> 彼當教，但有六義，未有即義。以未知心、佛、眾生三無差別故也。
> 是故奪而言之，藏通極果、別十迴向，皆名理即，以未解圓中故；
> 登地同圓，方成分證）〔註12〕

上引所言意指，藏、通、別三教的六即立論，皆尚未達如圓教修證究竟圓滿
的層次，易言之，如聖嚴法師所言：「眞正的六即，其實是就圓教而說的。因
為此前的三教，雖就其各自的當教，也各自都說了六即，然都未算究竟；藏、
通二教的最高佛果位，僅同於此圓教的相似即佛位；別教的妙覺佛果位，也
僅同此圓教的分證即佛果位。再說，就彼三教自身而言，但有六的意思，尚
未有即的意思，以其尚不知如《華嚴經・夜摩天宮品》所說『心、佛、眾生，
三無差別』之故。今以圓教的究竟義而言，藏通二教的佛果位，以及別教的
十迴向位，皆算是理即佛，以彼等尚未瞭解圓滿中道是什麼哩！別教登了初
地，才算是成了圓教的分證即佛。」〔註13〕智旭所論「天台圓教六即」之內
容，筆者擬順著《周易禪解》的內容直接入題敘議，採夾議夾敘的方式論述，
藉以彰顯其核心思想。

第二節　智旭以「六即」分釋《周易》

在研究智旭如何運用「天台六即」對《周易禪解》之詮釋之前，吾人可
深入析探天台六即是如何與《易經》產生關涉？兩者的共同點何在？差異處
何在？它們又如何各自以本身的思維模式詮釋自己的思想體系？除了在前言
所述及的面向外，筆者發現天台六即與《易經》間有個非常共通的基礎論點，
如《易經》上有言：「是故易有太極，是生兩儀，兩儀生四象，四象生八卦。
八卦定吉凶，吉凶生大業。」〔註14〕宇宙森然萬象的結構井然有序，藉生化
的法則，可以洞觀吉凶悔吝之道。《易經》上又言：「聖人設卦觀象，繫辭焉
而明吉凶。剛柔相推，而生變化。是故吉凶者，失得之象也；悔吝者，憂虞

〔註12〕智旭：《教觀綱宗》，《大正藏》冊 46，頁 941 上～中。
〔註13〕釋聖嚴：《天台心鑰——教觀綱宗貫註》，頁 299～301。
〔註14〕〔宋〕朱熹：《周易本義》，頁 240。

之象也。變化者，進退之象也；剛柔者，晝夜之象也。六爻之動，三極之道也。」〔註 15〕由此可明聖人之所以設卦來觀象的原因，以卦辭來聯綴經撰蓍成卦之象，藉以明白吉凶之道。從陰陽二氣的迭相推盪而產生變化，形成了失得、悔吝、進退、晝夜的吉凶現象，同時透過觀察內外卦六爻的卦象，便能體察天、地、人三才（極）的變化規律與法則。

天台六即則藉由五時八教之內涵，依教起觀，來觀照自己心念所處之階位，用以判定自己修行所達的層次，進而在禪觀之中修正、調整自己的心念幽微變化，然後再將它運用到實踐上；佛家雖不似《易經》談論吉凶，但在實踐面的修正與引導作用上，實無二致。這是初步在六即與六爻的功用上的相近論點，至於為何《易經》透過蓍草可以知吉凶，而天台能以六即來明禪觀所達至之階位？其理論的共通基礎點何在？這是吾人應首當辨明的，否則驟論智旭以六即來詮釋《周易》之內涵，終難貫通兩者間的深邃義理。

智旭言：「可上可下，可內可外，易地皆然。初無死局，故名交易。能動能靜，能柔能剛，陰陽不測，初無死法，故名變易。雖無死局，而就事論事，則上下內外仍自歷然。雖無死法，而即象言象，則動靜剛柔仍自燦然。此所謂萬古不易之常經也。」〔註 16〕由於易本身涵括了不易、簡易、變易的性質，因此可以將宇宙萬象加以類化，而能成為萬古不易的常經。智旭又言：

> 若以事物言之，可以一事一物各對一卦一爻。亦可於一事一物之中，具有六十四卦三百八十四爻。若以卦爻言之，可以一卦一爻各對一事一物。亦可於一卦一爻之中，具斷萬事萬物，乃至世出世間一切事物。又一切事物即一事一物，一事一物即一切事物。一切卦爻即一卦一爻，一卦一爻即一切卦爻。故名交易變易。實即不變隨緣，隨緣不變，互具互造，互入互融之法界耳。〔註 17〕

上述已將事物與卦爻間作了連結，若曾有過占筮的經驗，對此概念則更能理解。在占筮時，往往透過取相類比的方法，因為具有同質性，所以可以類化比擬，將所有事物對應到六十四卦、三百八十四爻之中，易理存在於天地之先，天地的形成又在萬事萬物之先，萬事萬物係由陰（坤）陽（乾）所構成，換言之，在任何萬事萬物之中皆具備乾坤的卦德，自然也就被融攝入易理之

〔註 15〕〔宋〕朱熹：《周易本義》，頁 223～226。
〔註 16〕智旭：《周易禪解》卷 1，《嘉興藏》冊 20，頁 396 上。
〔註 17〕智旭：《周易禪解》卷 1，《嘉興藏》冊 20，頁 396 上。

中。智旭在詮釋「一陰一陽之為道」時亦言：

> 凡德業之成乎法象者皆名為乾，不止六陽一卦為乾。凡效法而成其
> 德業者皆名為坤，不止六陰一卦為坤。極陰陽之數，而知數本無數。
> 從無數中建立諸數，便能知來，即謂之占。非俟揲蓍而後為占。既
> 知來者，數必有窮。窮則必變，變則通，通則久，即是學易之事。
> 非俟已亂而後治已危而求安之謂事。終日在陰陽數中，而能制造陰
> 陽，不被陰陽所測，故謂之神。〔註18〕

此語已將理、象、數的原理說明得很清楚，尤以「數本無數，從無數中建立
諸數，便能知來，即謂之占；非俟揲蓍，而後為占。」一語更道破易卦之所
以靈驗的原因。《周易禪解》卷10亦言：「隨拈一陰一陽，必還具一陰一陽，
故六重之而成六十四卦；其實卦卦無非太極全體，故得為四千九十六卦也。」
〔註19〕又，《周易禪解》卷9有言：「卦卦有太極全德，則體體亦各有太極全
德矣。又體體各有太極全德，則亦各有八卦全能也。」〔註20〕因此，吾人透
過占筮就能夠知道萬事萬物的過去現在未來的演變狀況，一事一物的個體與
乾坤整體，是無法被分割隔離的，此與中醫運用《黃帝內經》的宇宙信息全
息思想，所建構而成的中醫診治理論相同。《黃帝內經》主張，在人這個有機
體的系統之中，不論個別的部分及各層次，以及它們與其整體之間，其信息
都是對應相通的〔註21〕；因此，只要透過望、聞、問、切四診，即能正確地
診斷病情，其原理即在於「宇宙信息全息」的思想概念。另外，學者成中英
對於易的涵義由原來的三項擴展為五項，即：「生生源發義（彰顯不易性），
變異多元義（彰顯變易性），秩序自然義（彰顯簡易性），交易互補義（彰顯
交易性），以及和諧相成義（彰顯和易性）。」亦為吾人拓展視野，而深入思
惟《易》的特質。〔註22〕

〔註18〕智旭：《周易禪解》卷8，《嘉興藏》冊20，頁454中。
〔註19〕智旭：《周易禪解》卷10，《嘉興藏》冊20，頁468上。
〔註20〕智旭：《周易禪解》卷9，《嘉興藏》冊20，頁464上。
〔註21〕《靈樞·脈度》：「五臟常內閱于上七竅也。故肺氣通于鼻，肺和則鼻能知香
臭矣；心氣通于舌，心和則舌能五味矣；肝氣通于目，肝和則目能辨五色矣；
脾氣通于口，脾和則口能知五穀矣；腎氣通于耳，腎和則耳能知五音矣；五
臟不和，則七竅不通。」參見《黃帝內經》（北京：中華書局，2009年），43
頁。
〔註22〕他主張，透過此五種涵義可掌握易的本體哲學，藉以說明宋明理學中的心性
的本體結構，並探討此一結構所開拓與顯示出來的本體世界的五個層面的分

　　另據高亨之言：「何謂象數？簡言之，象有兩種：一曰卦象，包括卦位，即八卦與六十四卦所象之事物及其位置關係。二曰爻象，即陰陽兩爻所象之事物。數有兩種：一曰陰陽數，如奇數為陽數，偶數為陰數等是。二曰爻數，即爻位，以爻之位次表明事物之位置關係。此是象數之主要內容。」〔註23〕胡瀚平則言：「這個生變進程（APPROACH）是動態的，它不是個簡單的象徵作用，也不是個簡單的意符（實象──）和意指（假像──）一等於一，一對一的僵化關係，而是實象出現在某一個境遇中的進程。」〔註24〕傅佩榮亦言：「『爻』這個字代表『效』，在仿效或描述變化時，陽與陰不可或缺。至於『卦』，則是指『掛』，有如掛在我們眼前的自然現象。當大自然出現變化時，人類要如何因應？如何趨吉避凶？如何修養自己以求安居樂業？這些都是《易經》所要答覆的難題。」〔註25〕以上諸家之言，無疑地為智旭的論述，提供了一強而有力的註腳。《易經》所詮釋之動態中的平衡概念，為宇宙間的種種人事物變化，預留了不少不受命定的空間，正因為充滿著可塑性與創造性，不但使儒家的修齊治平與趨吉避凶成為可能，也使得透過道德的實踐而得以成賢成聖的可能性大大提高。筆者以為，這正是智旭能夠以六即來比附、詮釋六爻的重要理論基礎。

　　大體上說來，智旭的詮釋進路，除了參考經典論述與古德所言之外，大多來自他本身對易學精湛潛研所致。在《周易禪解》裡的佛性（心性）思想立論，隨手摭拾可及，舉其要者如：「首出庶物，萬國咸寧。此一節，是顯聖人修德功圓，而利他自在也。統論一傳宗旨，乃孔子借釋象爻之辭，而深明性修不二之學。」又言：

> 以乾表雄猛不可沮壞之佛性，以元亨利貞表佛性本具常樂我淨之四德。佛性必常，常必備乎四德。豎窮橫遍，當體絕待，故曰『大哉乾元』。試觀世間萬物，何一不從真常佛性建立？設無佛性，則亦無三千性相，百界千如。故舉一常住佛性，而世間果報天、方便淨天、

別性與統合性，使我們對易的本體有更深入的理解，對知易行易，建立易的倫理學與管理學，發展本體詮釋學，以及詮釋易的文本與易的應用有根本性的啟發與轉化作用。參見成中英：〈論易之五義與易的本體世界〉，《臺北大學中文學報》創刊號（2006年），頁1～32。

〔註23〕高亨：《周易大傳今注》，頁12～41。

〔註24〕胡瀚平：《話解易經》（臺北：五南圖書，1996年5月），冊上，頁10。

〔註25〕傅佩榮：《不可思議的易經占卜》（臺北：時報文化，2010年9月），頁12～13。

實報義天、寂光大涅槃天，無不統攝之矣。〔註26〕

據上論可知，世間萬物皆從眞常佛性而建立，假若無佛性之存在，則所謂三千性相、百界千如之說的建構基礎，亦蕩然無存；正因爲佛性常住，所以能夠涵括、統攝世間果報天、方便淨天、實報義天、寂光大涅槃天……等法界。藉上所述的佛性思想爲基礎，遂進一步開展出天台六即與易卦六爻間的比附與關涉，如智旭在《周易禪解》所論：

> 依此佛性常住法身，遂有應身之雲，八教之雨，能令三草二木各稱種性而得生長，而聖人則於諸法實相究盡明瞭。所謂實相非始非終，但約究竟徹證名之爲終，衆生理本名之爲始。知其始亦佛性。終亦佛性。〔註27〕

這一段話爲順承智旭上論，以眞常佛性爲世間萬物存在的根據，於人於物皆然，從理即到究竟即爲表徵諸法實相的說法，雖有六即的階次概念，實則皆表佛性。只不過是因爲對於佛性體悟的迷悟與時節因緣，權且假立六種階位的差別。在階位上雖區分成六個層次，實際上位位皆爲龍（佛性）的表徵。在天台圓教所謂的理即佛，乃至究竟即佛。若能乘此「即而常六」的修德，以揭顯「六而常即」的性德，正符合《易經》上所說的「乘六龍以御天」。根據智旭的詮釋方式，他常將乾的德行譬喻成常住佛性，形容它雖然在時間上互歷古今，但其德性卻不變不壞，而且具足了一切變化的功用，縱使在根器上有三草二木的差別〔註28〕，也能夠各隨其位，而體證佛性本具。一旦體證了佛性，則六個階位皆通達法界，能統攝一切法，盡歸太極，而契入「保合太和」的境界。因此可以說，當如來成道時，不但作爲九界的表率，而且無

〔註26〕智旭：《周易禪解》，《嘉興藏》冊20，頁398上。
〔註27〕智旭：《周易禪解》，《嘉興藏》冊20，頁398上。
〔註28〕三草二木的典故源自《妙法蓮華經》卷3〈藥草喻品〉：「或處人天，轉輪聖王，釋梵諸王，是小藥草。知無漏法，能得涅槃，起六神通，及得三明，獨處山林，常行禪定，得緣覺證，是中藥草。求世尊處，我當作佛，行精進定，是上藥草。又諸佛子，專心佛道，常行慈悲，自知作佛，決定無疑，是名小樹。安住神通，轉不退輪，度無量億、百千衆生，如是菩薩，名爲大樹。佛平等說，如一味雨；隨衆生性，所受不同，如彼草木，所稟各異。佛以此喻，方便開示，種種言辭，演說一法，於佛智慧，如海一渧。我雨法雨，充滿世間，一味之法，隨力修行。如彼叢林，藥草諸樹，隨其大小，漸增茂好。」以上爲佛陀將各種不同根器的修行者譬喻小、中、上藥草及小、大樹木，藉以說明各據其稟性聞思修，而漸次體悟本具佛性，以達究竟。參見〔後秦〕鳩摩羅什譯：《妙法蓮華經》，《大正藏》冊9，頁20上～中。

量無邊的刹海眾生，皆得以安住於佛性之中。〔註29〕

　　智旭以「大」、「剛」、「健」、「中」、「正」、「純」、「粹」、「精」等八個精要的字眼來比況佛性〔註30〕，進一步透過「佛性乾體，法爾具足六爻始終修證之相」，來旁通十法界的迷悟之情，藉以強調「性必具修」的道理。說明聖人藉由乘此「即而常六」之龍，以統御融合「六而常即」之天。所有的眾生都能夠通過修德的努力過程而體證佛性；一旦證悟佛性，即能根據眾生稟性的不同而化身雲、雨令眾生雨露均霑，而使一切眾生皆同成正覺、天下太平。此正是「全修在性」的道理。〔註31〕由於佛陀親證佛性常住法身，明瞭諸法究竟實相，知悉眾生佛性本具，只是各人的迷悟與時節因緣的差異，而權巧施設，假立修證佛性歷程的六個階位。階位雖然區分為六個，但位位皆表銓佛性本自具足、佛性不二；藉由禪觀的實踐，便能夠逐漸提高對佛性的體解與證悟，在《法華經》中甚至以三草二木來譬喻眾生的根器，各隨其稟性而證得佛性。

　　在《周易禪解》之中，以天台圓教六即的真理觀來詮釋卦爻辭的部分，舉其要者，共有乾、需、泰、觀、賁、井等六個卦，表面上看來僅為《易經》六十四卦中的六十四分之六，僅占了不到 10% 的比例，但事實上，若對天台圓教六即不能如實了解，必然對《周易禪解》不能得窺全貌。以下先以六即為單位，將各卦辭臚列在前，逐卦論述，再依據智顗《摩訶止觀》與智旭《教觀綱宗》中所論六即的內容，順著文脈分段詮解，以闡明其義。

一、理即

（一）乾卦

　　首先，乾卦各爻辭關涉天台六即的部分為：

　　　王陽明曰：乾六爻作一人看，有顯晦，無優劣；作六人看，有貴賤，

〔註29〕智旭：《周易禪解》，《嘉興藏》冊 20，頁 398 上。

〔註30〕以要言之，即不變而隨緣，即隨緣而不變。豎窮橫遍，絕待難思，但可強名之曰：「大」耳！其性雄猛物莫能壞，故名「剛」。依此性而發菩提心，能動無邊生死大海，故名「健」。非有無真俗之二邊，故名「中」。非斷常空假之偏法，故名「正」。佛性更無少法相離，故名「純」是萬法之體要，故名「粹」。無有一微塵處，而非佛性之充遍貫徹者，故名「精」。以上參見智旭：《周易禪解》，《嘉興藏》冊 20，頁 400 上。

〔註31〕智旭：《周易禪解》，《嘉興藏》冊 20，頁 400 上。

　　無優劣。〔註32〕

智旭引王陽明之語來輔助說明六即，依王陽明之詮解，若吾人將乾卦六爻看成同一個人，六爻皆具龍德，因此沒有優劣之判，但卻能看出本身的卦位爻情所顯示幽暗與明顯的狀態，此即智旭所說的「即而常六」，強調修行體悟境界的階位概念；相反地，若吾人將乾卦六爻看成不同的六個人，則與他人因比較而有了尊貴與卑賤的位階分別，而採取進退的措施，但乾卦六爻皆具乾剛健的德性，因此沒有所謂的優劣，此則爲智旭所說的「六而常即」，表徵了眾生本具的佛性，雖階位有別，但位位皆佛，佛性（龍德）實爲平等。

　　其次，智旭將人事意象與自然意象等類化於一卦六爻之中，吾人可藉圖表說明，清楚地呈現六爻所表徵之意象，表列如下：

六爻表徵	初 爻	二 爻	三 爻	四 爻	五 爻	上 爻
三才	天	天	人	人	地	地
天時	冬至後	立春後	清明後	夏	秋	九月後
乾（乾坤合論）	十一月	十二月	正月	二月	三月	四月
坤（乾坤合論）	五月	六月	七月	八月	九月	十月
欲天	四王	忉利	夜摩	兜率	化樂	他化
三界	欲界	色界	色界	色界	色界	無色界
地理	淵底	田	高原	山谷	山之正基	山頂
方位	東	中	南	西	中	北
家	門外	家庭	家庭	家庭	家庭	後園
國	郊野	城內	城內	城內	城內	郊野
人類	民	士	官長	宰輔	君主	太皇祖廟
一身	足	腓	股、限	胸、身	口、胸	首、口
一世	孩童	少	壯	強	艾	老
六道	天	人	阿修羅	地獄	餓鬼	畜生
十界	四惡道	人天	色無色界	二乘	菩薩	佛
六即	理即	名字即	觀行即	相似即	分證即	究竟即

透過上表內容的呈現〔註33〕，吾人可以清楚了解智旭將天台六即安置在卦爻中的依據，舉凡人事、自然等種種意象，皆能被類化於六爻之中。誠如智旭

〔註32〕智旭：《周易禪解》，《嘉興藏》冊 20，頁 397 上。
〔註33〕以上表列的內容，參見智旭：《周易禪解》，《嘉興藏》冊 20，頁 17〜19。

於《周易禪解》所言：

> 以要言之：世出世法，若大若小，若依若正，若善若惡，皆可以六
> 爻作表法。有何一爻不攝一切法，有何一法不攝一切六爻哉！〔註34〕

依據智旭的說法，任何的意象皆能被攝入一卦六爻之中，對天台六即的真理觀有了深刻認識後，便能著力於天台一心三觀的實踐方法，對於六即處於不同的爻位，在實踐的層面即會有不同的抉擇，如下表所述：〔註35〕

六爻表徵	初 爻	二 爻	三 爻	四 爻	五 爻	上 爻
佛法釋乾六爻（龍乃神通變化之物。喻佛性）兼論性修，原始要終。	理即位中，佛性爲煩惱所覆，故勿用。	名字位中，宜參見師友，故利見大人。	觀行位中，宜精進不息，故曰乾夕惕。	相似位中，不著似道法愛，故或躍在淵。	分證位中，八相成道，利益群品，故爲人所利見。	究竟位中，不入涅槃，同流九界，故云有悔。
約修德（陽爲智德、慧行）	初心乾慧，宜以定水濟之，不宜偏用。	二居陰位，定慧調適，能見佛性，故云「利見大人」。	以慧性遍觀諸法。	以定水善養其機。	中道正慧，證實相理。	覓智慧相，了不可得。
約通塞	淺慧，故不可用。	開佛知見。	示佛知見。	悟佛知見。	入佛知見。	慧過于定，故不可用。

在《乾》卦的六爻爻辭之中，明顯呈現了與天台六即會通之斧鑿痕跡，今引《周易禪解》原文臚列如下，若能參照本章所述天台六即之相關論述，則自能詮解文義。智旭詮釋《乾文言》之六爻爻辭之內容如下：

> 初九曰：潛龍勿用，何謂也？子曰：龍德而隱者也。不易乎世。不
> 成乎名。遯世無悶。不見是而無悶。樂則行之。憂則違之。確乎其
> 不可拔。潛龍也。若約理即釋者：龍德而隱，即所謂隱名如來藏也。
> 昏迷倒惑，其理常存，故「不易乎世」。佛性之名未彰，故「不成乎
> 名」。終日行而不自覺，枉入諸趣，然畢竟在凡不減，故「遯世無悶」，
> 不見是而無悶。「樂則行之」，而行者亦是佛性。「憂則違之」，而違
> 者亦是佛性。終日隨緣，終日不變，故「確乎其不可拔也」。〔註36〕

以天台六即的位階而言，智旭將初爻定爲「理即」位，由於是位處初爻潛伏位，因此稱之爲潛龍，此時的龍德（佛性）尚被隱藏而不顯，智旭稱之爲「隱

〔註34〕智旭：《周易禪解》，《嘉興藏》冊20，頁19～21。
〔註35〕以下表列的內容，參見智旭：《周易禪解》，《嘉興藏》冊20，頁20～21。
〔註36〕智旭：《周易禪解》，《嘉興藏》冊20，頁398下。

名如來藏」，此時吾人即便是處於昏迷倒惑的狀態，然而其本具佛性之理卻是常存的，且龍德終日行而不自覺，縱使枉入諸趣，畢竟佛性在凡不減。

（二）需卦

初九：需于郊，利用恒，無咎。

溫陵郭氏云：此如顏子之需。佛法釋者：理即位中，不足以言需。名字位中，且宜恒以聞熏之力資其慧性，未與煩惱魔軍相戰也。

象曰：需于郊，不犯難行也。利用恒無咎，未失常也。

智顗《摩訶止觀》：

理即者，一念心即如來藏理。如故即空，藏故即假，理故即中；三智一心中，具不可思議。如上說，三諦、一諦，非三、非一。一色、一香、一切法，一切心亦復如是，是名理即是菩提心，亦是理即止觀，即寂名止，即照名觀。〔註37〕

據上言，很容易直接將這幾段文句，直解爲：「所謂的理即，即『一念心即如來藏理』，於理上，一切眾生悉住於佛性如來藏理之中。」智旭是這麼解的，但特別要注意的是，智者大師在字裡行間所指的「如來藏」非彼「如來藏自性清淨心」所強調自性清淨面向的說法，智者大師只是說：「如故即空，藏故即假，理故即中；三智一心中，具不可思議。」〔註38〕意即諸法的法性如其所來具有空如無自性的特質，智顗強調的是開顯諸法實相，而非在自性清淨上多所著墨，原因無他，因爲智顗向來在解吾人的一念心時，都以相當弔詭的思辨與表達方式在指涉它。筆者以爲，此爲釋迦、龍樹以降，一直到慧文、慧思、智顗的大智慧與大慈悲的指月方式，惟恐眾生一聽聞「如來藏自性清

〔註37〕〔隋〕智顗說，灌頂記：《摩訶止觀》卷1，《大正藏》冊46，頁10中。

〔註38〕圓教在觀法上，爲一心三觀，由此而開出三眼、三智與三諦。此中，所謂「三觀」是指從假入空觀、從空入假觀及中道第一義觀。依「空觀」而斷見思二惑，得「慧眼」，生「一切智」（即是了知諸法皆空之智），明「空諦」（空性之眞理）；依「假觀」而斷塵沙惑（塵沙喻多數，爲差別法所惑，則不得踐利他之行），得「法眼」，生「道種智」（即是了知各種法門之差別性），明「假諦」（假名之眞理或空而不空，即空而有）；依「中觀」而斷無明惑（此惑障中道實相），得「佛眼」，生「一切種智」（即是了知諸法皆空及諸法之差別相），明「中諦」（亦即中道第一義空）。總而言之，說空假爲方便，說中爲圓實；而「中」不離空假以爲中，故曰「即空即假即中」，此謂「圓融三諦」。參見王邦雄、岑溢成等：《中國哲學史》（臺北：里仁書局，2009年），下冊，頁407～409。

淨心」時，自矜密意、起傲慢心，未得絲毫法益，即墮險坑、喪失慧命。「一念無明法性心」不就蘊藏著迷惑與覺悟的成分嗎？無明，為何會無明？當無法洞穿無明無住的實相時，就會暫為無明所惑；而一旦了悟無明無住之理，無明頓時全成了法性。再談法性，法性本來它就是空如無有自性，豈有能染污它與被它所染污的任何事物呢？剛才提到智者大師的睿智過人、心地非常柔軟慈悲；難道智旭就不睿智過人、心地不柔軟慈悲嗎？智旭偶解經文時，強調如來藏是自性清淨的大光明體，如智旭所言：「夫十方三世之情執本虛，而心體真實，決不可謂之虛。」〔註39〕如此詮解若遇上智慧力被蒙蔽而尚未開顯的眾生，若認為它是真實的，那無異即將陷入萬劫不復的大執著之中，若祖上有德、有幸遇到能者解粘去縛，或許尚有清醒了悟的一天。利之所在，往往禍亦如影隨形而來，或許宋代後來大興淨土宗，亦與此有關也說不定，大文豪蘇東坡不也聰明過人嗎？到頭來還是勤念彌陀聖號。〔註40〕續論「藏」字，因法界諸法理體本來空寂，因此為空；而有如實體物指涉寶藏之藏，與諸法一樣，莫不由眾多因緣和合而成，故為假；非空非假則為絕對之「理」，即為中。佛陀在修證中發現，諸法無不具緣起性空之理體，當佛性尚未被開顯之時，便假名稱之為「如來藏」，等到如來藏中的佛性被開顯而出，則稱之為「真如」或「佛」。「理即是菩提心」、「理即止觀，即寂名止，即照名觀。」這是屬於理上對真理的領悟，瞭解一切眾生皆有佛性的道理，但尚未完全契入真理。透過天台一心三觀，智顗分析道：

> 若法性無明，合有一切法，陰界入等，即是俗諦；一切界、入，是一法界，即是真諦；非一非一切，即是中道第一義諦。如是遍歷一切法，無非不思議三諦（云云）。若一法一切法，即是『因緣所生法』，是為假名假觀也；若一切法即一法，『我說即是空』空觀也；若非一非一切者，即是中道觀。一空一切空，無假、中而不空，總空觀也。一假一切假，無空、中而不假，總假觀也；一中一切中，無空、假

〔註39〕智旭：《周易禪解》卷1，《嘉興藏》冊20，頁449上。

〔註40〕《樂邦遺稿》卷2：「蘇東坡前身五祖戒禪師，《龍舒淨土文》曰：五祖戒禪師乃東坡前身，應驗非一，以前世修行故，今世聰明過人。以其習氣未除。致今生多緣詩語意外受竄謫。生此世界多受苦如是。聞東坡南行唯帶阿彌陀佛一軸。人問其故。答云。此軾生西方公據也。若果如是。則東坡今生得計矣。」〔宋〕宗曉編：《樂邦遺稿》，《大正藏》冊47，頁247下。

而不中，總中觀也；即中論所說不可思議一心三觀。〔註41〕

若就「一法一切法」而論，一切法皆爲因緣所生，盡皆假名施設，此即假觀；若就「一切法即一法」而論，諸法的本來存在樣貌爲空如無有自性，此即空觀；若就「非一非一切」而論，如此即能契入既不偏空亦不偏有的中道實相觀。易言之，如實了知究竟實相，修止以明法性本來空寂，修禪觀以照見諸法因緣而成的假相，既不偏空，也不偏假，最終安住於中道實相的眞理之中。

續論「理即」，徵諸智旭《教觀綱宗》：

> 理即佛者，不思議理性也。如來之藏，不變隨緣，隨緣不變；隨拈
> 一法，無非法界，心、佛、眾生三無差別；在凡不減，在聖不增。
> 〔註42〕

什麼叫「理即」？「理即」就是「不可思議的理性」，一切眾生本自具足佛的理性。如來藏，於理性上而言，此不可思議的理性，雖觸所緣而現萬有，然其理性不會改變；於事相上，雖隨著千差萬別的機感因緣，但理性不變。〔註43〕

〔註41〕〔隋〕智顗說，灌頂記：《摩訶止觀》卷5，《大正藏》冊46，頁55中。此處的陰界入，分釋如下：①陰，有二義，一爲「陰覆」之義，指色聲等之有爲法陰覆眞理。其次爲「積聚」之義，謂色聲等之有爲法積聚生死之苦果。參見陳義孝編，竺摩法師鑑定：《佛學常見辭彙》（臺北：財團法人佛陀教育基金會，2000年），頁11。②界，梵語dhātu之意譯。音譯爲馱都，含有層、根基、要素、基礎、種族諸義。界爲各種分類範疇之稱呼，如：眼、耳、鼻、舌、身、意等六根，對色、聲、香、味、觸、法等六境，而產生眼識、耳識、鼻識、舌識、身識、意識等六識，合稱爲十八界。又如地、水、火、風、空、識稱爲六界。此外，欲界、色界、無色界稱爲三界；此「界」有接近於「境界」之意。唯識宗即將一切法之種子稱爲「界」，有要素、因之意。參見佛光大辭典編修委員會編：《佛光大辭典》，頁3889。③入，心或心作用之根據或端緒之意。《維摩經卷·上》（大14·539中）：「是身如毒蛇、如怨賊、如空聚，陰界諸入所共合成。」同經卷中（大14·546上）：「求法者，非有色受想行識之求，非有界入之求。」參見佛光大辭典編修委員會編：《佛光大辭典》，頁258。

〔註42〕智旭：《教觀綱宗》，《大正藏》冊46，頁941上。

〔註43〕永明延壽：「非一非異，得此識名，不合而合，成其藏義。此阿賴耶識，即是眞心不守自性，隨染淨緣，不合而合，能含藏一切眞俗境界，故名藏識。如明鏡不與影像合，而含影像，此約有和合義邊說；若不和合義者，即體常不變，故號眞如。因合不合，分其二義，本一眞心，湛然不動，若有不信阿賴耶識，即是如來藏；別求眞如理者，如離像覓鏡，即是惡慧。以未了不變隨緣隨緣不變之義，而生二執。」參見《宗鏡錄》卷47，《大正藏》冊48，頁694下。

由於理無礙、事無礙、理事無礙、事事無礙，理事上能夠相融相即，自然能夠隨時拈取一項事物加以證明「心、佛、眾生三無差別」之理性；此理性，在凡夫位時分毫不減，到佛果位時也分毫不增。上言證諸《維摩經玄疏》云：「理即者，此經（《維摩詰所說經》）云：『淫、怒、癡性，即是解脫。』此是理即義也。」〔註44〕智旭《教觀綱宗》所論理即，可說是與《維摩經玄疏》所言不謀而合。

二、名字即

（一）乾卦

> 九二曰：見龍在田，利見大人，何謂也。子曰：龍德而正中者也。庸言之信。庸行之謹。閑邪存其誠。善世而不伐。德博而化。《易》曰：見龍在田，利見大人。君德也。

> 若約名字即佛釋者：「庸言」「庸行」，只是身口七支。以知法性無染汙故，隨順修行尸波羅蜜。從此閑九界之邪，而存佛性之誠。初心一念圓解善根，已超三乘權學塵劫功德，而不自滿假。故其德雖博，亦不存德博之想，以成我慢也。發心畢竟二不別，如是二心先心難。故雖名字初心，已具佛知佛見而為君德。〔註45〕

《乾文言》之乾卦爻位上升至第二爻，天台六即的階位亦隨之而上升至「名字即」，此時藉由語言文字漸識吾人之佛性，因隨著認識與知見的擴展，已知法性無有染汙的道理，且能隨順修行戒律。雖以初心一念來圓解善根，實具無量塵劫功德，而不自以此自滿，並且具足佛的正知見，得以彰顯龍德（佛性）。

（二）需卦

> 九二：需于沙，小有言，終吉。

> 郭氏云：此如孔子之需。佛法釋者：觀行位中，既已伏惑，則魔軍動矣。故小有言。

> 象曰：需于沙，衍在中也。雖小有言，以吉終也。

〔註44〕參見〔隋〕智顗撰：《維摩經玄疏》卷1，《大正藏》冊38，頁520上。
〔註45〕智旭：《周易禪解》卷1，《嘉興藏》冊20，頁398下。

智顗《摩訶止觀》：

> 名字即者，理雖即是日用不知，以未聞三諦全不識佛法，如牛羊眼
> 不解方隅。或從知識或從經卷，聞上所說一實菩提，於名字中通達
> 解了，知一切法皆是佛法，是爲名字即菩提，亦是名字止觀。〔註46〕

名字即，一切眾生於理上雖然具足「如來藏理」，但於尋常日用間卻渾然不知，
因爲尙未聽聞空、假、中三諦，不識佛法深義，就像牛和羊的眼睛無法分辨
邊和角的區別。有的從知識或從經卷，聽聞到如上所說的「一實菩提」，於名
字中通達解了「知一切法皆是佛法」，此即「名字即菩提」之義。換句話說，
此指聽聞一實菩提之說，而於名字（名言概念）之中通達解了之階位。此階
位的行者，必須憑藉著透過名言概念的言詮方得以領悟。

智旭《教觀綱宗》：

> 名字即佛者，聞解也。了知一色一香無非中道，理具事造兩重三千，
> 同在一念。如一念一切諸念，亦復如是。如心法，一切佛法及眾生
> 法，亦復如是。〔註47〕

圓教的名字即佛，指聞解一切眾生皆有不思議的理性，深明「繫緣法界，一
念法界，一色一香無非中道，己界及佛界，眾生界亦然」〔註48〕奧旨，亦即
了知，理具三千的性相及事造三千的性相，同在現前一念的妄心之中；一念
如此，具足兩重三千，一切諸念，亦復如此，念念具足理具、事造的兩重三
千。現前一念的心法，是如此的具足理具事造兩重三千，一切諸佛之法以及
一切眾生之法，亦復如是，同樣具足理具事造的兩重三千。若於聞佛說法，
能作如此瞭解者，便得稱爲名字即佛。

三、觀行即

（一）《乾》卦

> 九三曰：君子終日乾乾，夕惕若厲無咎，何謂也。子曰：君子進德
> 修業。忠信所以進德也。修辭立其誠，所以居業也。如至至之，可
> 與幾也。知終終之，可與存義也。是故居上位而不驕，在下位而不
> 憂。故乾乾因其時而惕。雖危無咎矣。

〔註46〕〔隋〕智顗說，灌頂記：《摩訶止觀》卷1，《大正藏》冊46，頁10中。
〔註47〕智旭：《教觀綱宗》，《大正藏》冊46，頁941中。
〔註48〕〔隋〕智顗說，灌頂記：《摩訶止觀》卷1，《大正藏》冊46，頁1上。

《乾文言》之九三爻，若依智旭約佛法六即釋來詮解爻辭的話，「觀行即」正
處於觀行位中，而其工夫則屬圓妙的範疇。由於「觀行即」具有「以慧性遍
觀諸法」的特性，吾人若能以直心來保持正念而體證眞如，便名之爲儒家所
言的「忠信」，此乃進德修業之正行。至於進德修業的助行有哪些呢？舉凡修
辭立誠、隨說法淨，令智慧清淨開顯，或藉著前人的引導獲益，使成德的工
夫內化等皆屬之。對於觀行的目的與內涵，能夠「知至至之」、「知終終之」，
便是妙觀、妙止；進一步若能實踐止觀雙運，使定慧具足，則能「上合諸佛
慈力而不驕，下合眾生悲仰而不憂矣。」〔註49〕

（二）《需》卦

> 九三：需于泥，致寇至。

> 郭氏云：此如周公之需。佛法釋者：相似位中，將渡生死大河。故
> 有以致魔軍之來而後降之。

> 象曰：需于泥，災在外也。自我致寇，敬慎不敗也。災既在外，故
> 主人不迷，客不得便。但以願力，使其來戰，以顯降魔成道之力。
> 而三觀之功，敬而且慎，決無敗也。

智顗《摩訶止觀》：

> 若未聞時，處處馳求；既得聞已，攀覓心息名止，但信法性不信其
> 諸名爲觀。觀行即是者，若但聞名口說，如蟲食木偶得成字，是蟲
> 不知是字非字。既不通達，寧是菩提？必須心觀明瞭，理慧相應；
> 所行如所言，所言如所行。……雖未契理觀心不息，如首楞嚴中射
> 的喻，是名觀行菩提，亦名觀行止觀。恒作此想名觀，餘想息名止
> （云云）。〔註50〕

觀行即，若只滿足於聽聞或口說眞理，好比蟲去咬食木屑，偶然間排列成字，
這隻蟲哪裡知道什麼是字？什麼不是字？於事上既然尚未通達實相，怎麼能
說與菩提相契合呢？因此必須於心上觀得明瞭，於理慧上與眞理相應，如此
才能「所行如所言，所言如所行。」謂既知名字而起觀行，心觀明瞭，理慧
相應之位。此位分隨喜、讀誦、說法、兼行六度、正行六度等五品之深淺次
第，稱爲五品弟子位。即圓教外凡之位，與別教十信位相同。有關五品弟子

〔註49〕智旭：《周易禪解》卷1，《嘉興藏》冊20，頁399上。
〔註50〕〔隋〕智顗說，灌頂記：《摩訶止觀》卷1，《大正藏》冊46，頁10中。

位的詳細內容，可逕參閱釋正持所撰《天台化法四教之研究——以智顗、智旭的論述爲主》〔註51〕，此略。

智旭《教觀綱宗》：

> 觀行即佛者，五品外凡位也。一隨喜，二讀誦，三講說，四兼行六度，五正行六度。圓伏五住煩惱，與別十信齊，而復大勝。〔註52〕

所謂圓教的觀行即佛，雖然是即佛，仍須修行，此在圓教是外凡的五品弟子位，是圓教八位的第一位。所謂五品，見於《法華經卷五・分別功德品》，那便是：

1. 隨喜品——聞實相法，信解隨喜。
2. 讀誦品——讀誦《法華經》，以助觀解。
3. 講說品——又名說法品，說自內解，導利他人。
4. 兼行六度品——兼修六度，以助觀心。
5. 正行大度品——正行六度，自行化他，觀行轉勝。〔註53〕

在此觀行即佛位中，便能圓伏五住煩惱，不伏而伏。此位是與別教的十信位齊，唯於別教的十信位中，僅伏見思二惑，與藏教的世第一位齊，圓教的五品弟子位，則能不伏而伏，圓伏五住煩惱，見思二惑僅是五住之中的前四住地，即是枝末煩惱，圓教五品弟子位的觀行位中，已也能圓伏枝末煩惱，以及第五無明住地的根本煩惱，所以較之別教的十信位，殊勝得多了。

四、相似即

（一）《乾》卦

> 九四曰：或躍在淵無咎。何謂也。子曰：上下無常，非爲邪也。進

〔註51〕 釋正持：《天台化法四教之研究——以智顗、智旭的論述爲主》，《圓光佛學研究所畢業論文》（中壢：圓光佛學院，2006年6月），頁216～221。

〔註52〕 智旭：《教觀綱宗》，《大正藏》冊46，頁941中。

〔註53〕 「阿逸多！若我滅後，聞是經典，有能受持……是故我說：『如來滅後，若有受持、讀誦、爲他人說，若自書、若教人書，供養經卷，不須復起塔寺，及造僧坊、供養眾僧。』況復有人能持是經，兼行佈施、持戒、忍辱、精進、一心、智慧，其德最勝，無量無邊。譬如虛空，東西南北、四維上下無量無邊；是人功德，亦復如是無量無邊，疾至一切種智。若人讀誦受持是經，爲他人說，若自書、若教人書，復能起塔，及造僧坊、供養讚歎聲聞眾僧，亦以百千萬億讚歎之法讚歎菩薩功德，又爲他人，種種因緣隨義解說此法華經，復能清淨持戒，與柔和者而共同止，忍辱無瞋，志念堅固，常貴坐禪得諸深定，精進勇猛攝諸善法，利根智慧善答問難。」參見《妙法蓮華經》卷5，《大正藏》冊9，頁45下。

退無恒，非離群也。君子進德修業，欲及時也。故無咎。

若約佛法者，直觀不思議境爲上，用餘九法助成爲下。心心欲趨薩婆若海爲進，深觀六即不起上慢爲退。欲及時者，欲于此生了辦大事也。此身不向今生度，更向何生度此身？設不證入圓住正位，不名度二死海。〔註54〕

依佛法來解釋《乾文言》九四爻的話，九四爻位處天台六即的第四個階位，即「相似即」的觀行位，「相似即」主要是強調一切的修行須先「悟佛知見」，一心體證佛智，在深觀六即之後知未達究竟而不起增上慢爲退，若不能修證到圓位初住位，則猶載浮載沉於分段生死和變易生死之中。

（二）《需》卦

六四：需于血，出自穴。

郭氏云：此如文王之需。佛法釋者：魔軍敗衄，超然從三界穴出而成正覺矣。

象曰：需于血，順以聽也。

未嘗用力降魔，止是慈心三昧之力，魔軍自退，而菩提自成耳。

智顗《摩訶止觀》：

相似即是菩提者，以其逾觀、逾明、逾止、逾寂，如勤射隣的名相似觀慧，一切世間治生產業不相違背。所有思想籌量皆是先佛經中所說，如六根清淨中說，圓伏無明名止，似中道慧名觀（云云）。

〔註55〕

所謂的「相似即菩提心」，即是吾人透過止觀的修習，能使吾人的心靈愈來愈趨向清明、寂靜的境界，就如同若能勤練射箭，那麼命中靶心的準度則會不斷提升，而更接近於中道實相智慧的「相似觀慧」。一旦吾人達到了「相似即菩提心」的境界時，所有一切世間治生產業，都不會與佛法相違背，且此時心中所有的思想籌量的運作，會對佛典所述說的內容產生似曾相似之感。「相似即菩提心」的階位，即大乘菩薩行位的「六根淨位」了，又稱作「相似即

〔註54〕智旭：《周易禪解》卷1，《嘉興藏》冊20，頁399上～中。

〔註55〕〔隋〕智顗說，灌頂記：《摩訶止觀》卷1，《大正藏》冊46，頁10中。

止觀」。習氣將近清淨，能圓滿降伏無明之惑，即是「止」；而與中道實相智慧相似，即是「觀」。

　　智旭《教觀綱宗》：

> 相似即佛者，十信內凡位也（名與別十信同。而義大異）初信，任
> 運先斷見惑，證位不退，與別初住、通見地、藏初果齊。二心至七
> 心，任運斷思惑盡，與別七住、通已辦、藏四果齊，而復大勝。故
> 永嘉云：『同除四住，此處為齊；若伏無明，三藏則劣也。』八心至
> 十心，任運斷界內外塵沙，行四百由旬，證行不退，與別十向齊。」
> 〔註56〕

所謂圓教的相似即佛，即指大乘圓教的十信內凡位。聖嚴法師解釋：「以下別教的十信，是外凡位，圓教的十信是從別教的初住至十迴向的三十心，即是別教三賢位，包括習種性、性種性、道種性。故其內涵與別教大異。何況別教的十信位，僅伏見思二惑，圓教的十信位，不唯已斷盡三界的見思二惑，也斷塵沙惑，並伏無明惑。圓教初信位，任運自然，先斷見惑，證位不退，相當別教的初住位、通教第四見地，與藏教的初果齊。

　　從第二信位至第七信位，任運自然，斷盡思惑，即與別教第七住、通教第七已辦地、藏教四果齊。而以圓教界內，位位圓伏圓斷三惑，比起前面的三教，僅斷見思、習氣，未及塵沙、無明，所以圓教大勝藏、通、別的三教。玄覺禪師的《永嘉集》所云：「同除四住」，即在圓教的十信位中，藏、通、別、圓的化法四教，便共同斷除五住地煩惱中的前四住地，尚有第五無明住地，要待到了圓教等覺位時斷除方盡。若以圓教圓伏無明惑而言，藏教四果、通教已辦地、別教七住，就遠遠不及圓教七信位了。

　　在圓教十信的第八信至第十信位，任運自然，斷除界內及界外的塵沙惑。以《法華經》〈化城喻品〉所說，行五百由旬到達藏寶處所而言，圓教十信位，已行四百由旬。證行不退，與別教的十迴向位齊。」〔註57〕

　　筆者綜結上說，並參考聖嚴法師「四教行位除惑同異」的說法，〔註58〕整理成圖表說明如下：

〔註56〕智旭：《教觀綱宗》，《大正藏》冊46，頁941中。
〔註57〕參見釋聖嚴：《天台心鑰——教觀綱宗貫註》，頁310～315。
〔註58〕參見釋聖嚴：《天台心鑰——教觀綱宗貫註》，頁389。

圓　教	別　教	通　教	藏　教	斷　惑	四住地
初信	初住	四見地	初果	三界見惑	見一處住地
二信	二住	五薄地	二果	欲界前六品思惑	欲愛住地
三信	三住	六離欲地	三果	欲界後三品思惑	欲愛住地
四信	四住	七已辦地	四果	見思盡	色愛、有愛住地
五信	五住	八支佛地	辟支佛	侵習氣	
六信	六住	九菩薩地	菩薩	伏界內塵沙	
七信	七住	十佛地	佛	正習俱斷	

五、分證即

（一）《乾》卦

九五曰：飛龍在天，利見大人，何謂也。子曰：同聲相應，同氣相求。水流濕，火就燥，雲從龍，風從虎。聖人作，而萬物睹，本乎天者親上，本乎地者親下，則各從其類也。

此明聖人垂衣裳而天下治，初非有意有造作也。佛法釋者：如來成正覺時，悉見一切眾生成正覺。初地離異生性，〔註59〕入同生性，大樂歡喜，悉是此意。乃至證法身已，入普現色身三昧。在天同天，在人同人。皆所謂「利見大人」，法界六道所同仰也。〔註60〕

五爻為分證位「分真即」，對於「如來成正覺時，悉見一切眾生成正覺」已有所體悟，不但已證初地，離開了使成凡夫眾生的本性，且證入法性；乃至體證法身，而入普現色身三昧，在天同天，在人同人，普受法界六道所欽仰。

（二）《需》卦

九五：需于酒食，貞吉。

郭氏云：此如帝堯館甥之需。佛法釋者：魔界如即佛界如，惟以定

〔註59〕異生性舊譯為凡夫性。凡夫者，乃指六道之中未得佛法之有情眾生。異生性，即眾生成為凡夫之依據或原因在於不得佛法。意指凡夫之愚異生性。異生，即凡夫；異，含有別異、變異二義。因凡夫輪迴五趣（或六道），受種種別異之果報；又凡夫由種種變異而生邪見、造諸惡，故稱異生。準此，異生性即指使眾生成為凡夫之本性，亦即通常所謂「見惑」之煩惱種子。參見佛光大辭典編修委員會編：《佛光大辭典》，頁5151。
〔註60〕智旭：《周易禪解》卷1，《嘉興藏》冊20，頁399中。

慧力莊嚴而度眾生。故爲需于酒食。

智顗《摩訶止觀》：

> 分眞即者，因相似觀力入銅輪位，初破無明見佛性，開寶藏顯眞如，
> 名發心住，乃至等覺，無明微薄智慧轉著，如從初日至十四日，月
> 光垂圓闇垂盡。若人應以佛身得度者，即八相成道；應以九法界身
> 得度者，以普門示現。如經廣說，是名分眞菩提，亦名分眞止觀分
> 眞智斷。」〔註61〕

分證即，又作分眞即；當修行到達「分眞即」的果位時，則會產生相似觀慧
的力量，入於菩薩十住位中的「銅輪位」，斷一分無明，證見一分佛性，漸漸
開顯吾人自身本具的眞如寶藏，此即「發心住」。透過漸次修行，則能漸登「等
覺位」，此時內心的無明漸趨微薄，而智慧亦漸趨朗然昭著，好比從初一至十
四日，接近滿月，光明漸增，而黑暗漸漸將退盡。此際，若行者應以佛身而
得解脫，即呈現八相而成道作佛；又，行者若應以菩薩以下九法界身而得度
脫，則呈現九界中種種形象來予以說法，以無量法門從事利他濟度的事業。
詳如《法華經・普門品》、《往生論》等經論所說，此即「分眞即菩提心」，亦
稱作「分眞即止觀」，當達此階位時即獲分眞位上的「菩提智德」和「涅槃斷
德」。易言之，從分斷無明道證中道實相之位，必經由十住、十行、十迴向、
十地、等覺等位，漸次破除一品之無明而證得一分之中道實相。

分證即，見諸智旭《教觀綱宗》：

> 分證即佛者，十住、十行、十向、十地、等覺聖位也；（名亦同別，
> 而義大異）初住斷一分無明，證一分三德（正因理心發，名法身德；
> 了因慧心發，名般若德；緣因善心發，名解脫德）一心三觀，任運
> 現前，具佛五眼，成一心三智，行五百由旬，初到寶所，初居實報
> 淨土，亦復分證常寂光淨土。證念不退，無功用道。現身百界，八
> 相作佛，與別初地齊。二住至十住，與別十地齊；初行與別等覺齊；
> 二行與別妙覺齊；三行已去，所有智斷，別教之人，不知名字。〔註62〕

「分證即佛」，包括十住、十行、十向、十地、等覺聖位等四十一個階位。當
證得圓教初住時，「斷一分無明，證一分三德」，亦即三因佛性中，所指稱的：
①正因佛性——當入初發心住時，理心開發，即成法身德，而住於實相法身

〔註61〕〔隋〕智顗說，灌頂記：《摩訶止觀》卷1，《大正藏》冊46，頁10中。
〔註62〕智旭：《教觀綱宗》，《大正藏》冊46，頁941下。

中道第一義。②了因佛性——當處於初發心住時，慧心開發，即成般若德，住於摩訶般若畢竟之空。③緣因佛性——於初發心住時，善心開發，即成解脫德，而住於不可思議解脫首楞嚴定。上述即指：此三因佛性，住於三德秘密藏之一切佛法。

換句話說，發正因理心，名之爲法身德；發了因慧心，名之爲般若德；發緣因善心，則名解脫德。若行人修持一心三觀，則一切殊妙境界任運自然地現前，而具足了佛的五眼，成就一心三智；猶如《法華經》所言：「行五百由旬，初到寶所，初居實報淨土，亦復分證常寂光淨土。證念不退，無功用道。現身百界，八相作佛」，而與別初地齊。至於圓教的二住至十住，則與別教十地齊；而圓教初行與別教等覺齊；圓教二行與別教妙覺齊；圓教三行以上，所有的觀智及斷惑，對於別教之人來說，他們便不知其名字了。〔註63〕

六、究竟即

（一）《乾》卦

上九曰：亢龍有悔，何謂也。子曰：貴而無位。高而無民。賢人在下位而無輔。是以動而有悔也。

佛法釋者：法身不墮諸數，故「貴而無位」。佛果出九界表，故「高而無民」。寂光非等覺以下境界，故「賢人在下位而無輔」。是以究竟位中，必逆流而出；示同九界，還現嬰兒行及病行也。〔註64〕

到了上爻，以天台六即表示的話，稱爲「究竟即」。據智旭所言，「究竟即」位以證法身佛果，故不墮諸數之中，雖尊貴而無位，又佛果雖已超越九界，但位高而無民。佛位爲常寂光境界，非等覺以下的聖者所能臆測，因此才說「賢人在下位而無輔」。是以究竟位中，必逆流而出；爲了顯非緣理斷九之見而示同九界，猶示現了嬰兒行及病行以實踐菩薩道〔註65〕，深知進退存亡之

〔註63〕參見釋聖嚴：《天台心鑰——教觀綱宗貫註》，頁318。

〔註64〕智旭：《周易禪解》卷1，《嘉興藏》冊20，頁399中。

〔註65〕「病行」，爲菩薩五種行法之一。謂菩薩以無緣大慈，同體大悲之平等心，拔眾生煩惱，治眾生罪業之大行。病者喻眾生之罪業。罪業是病；治病之行，故稱病行。「嬰兒行」，爲《涅槃經》列舉菩薩所修五種行法之一，多爲天台宗所用。據《大乘義章》卷十二載，嬰兒行有自利、利他二義。就自利而釋，菩薩之所行，爲遠離分別之大行，猶如嬰兒之所作，故稱嬰兒行；就利他而釋，則人、天、聲聞、緣覺等諸乘，猶如嬰兒，菩薩爲化度彼等，起大悲心

道。〔註66〕

（二）《需》卦

上六：入于穴。有不速之客三人來。敬之，終吉。

象曰：酒食貞吉。以中正也。

智顗《摩訶止觀》：

究竟即菩提者。等覺一轉入於妙覺。智光圓滿不復可增。名菩提果。

大涅槃斷更無可斷。名果果。等覺不通唯佛能通。過茶無道可說。

故名究竟菩提。亦名究竟止觀。〔註67〕

所謂「究竟即」，即是斷除了第四十二品之無明，而究竟諸法實相之位，此即妙覺位，爲圓教究竟之極果。易言之，當到達「究竟即菩提心」的階位時，修持菩薩道的行者，由於覺行已圓滿，因此從「等覺位」轉出之後，入於最後成佛的「妙覺位」，此際的菩提智慧圓滿，成就智德已究竟圓滿，稱之爲「菩提之果」。在大涅槃位上永斷無明煩惱，更無煩惱可斷，涅槃爲菩提之果，故稱作果中之果。等覺位菩薩尚未通達此位，唯佛能通達此妙覺位。到此階段，已臻最高位，因此名之爲「究竟即菩提心」，亦稱作「究竟即止觀」。另據智旭言：

究竟即佛者，妙覺極果，斷四十二品微細無明永盡，究竟登涅槃山頂，以虛空爲座，成清淨法身（一一相好，等眞法界）居上上品常寂光淨土，亦名上上品實報無障礙淨土。性修不二，理事平等。〔註68〕

所謂圓教的究竟即佛，《觀無量壽佛經疏》云：「究竟佛者……唯佛與佛乃能究盡諸法實相，邊際智滿。」便是無上士的妙覺佛果位，已斷盡四十二品微

而化度之，故稱嬰兒行。參見佛光大辭典編修委員會編：《佛光大辭典》，頁4190、6415。

〔註66〕凡有慧無定者，惟知佛性之可尚，而不知法身之能流轉五道也。惟知佛性之無所不在，而不知背覺合塵之不亡而亡也。惟知高談理性之爲得，而不知撥無修證之爲喪也。惟聖人能知進退存亡之差別，而進亦佛性，退亦佛性，存亦佛性，亡亦佛性。進退存亡不曾增減佛性，佛性不礙進退存亡，故全性起修。全修在性，而不失其正也。若徒恃佛性，不幾亢而非龍乎？又約究竟位中解者，示現成佛是知「進」，示現九界是知「退」，示現聖行梵行嬰兒行是知「存」，示現病行是知「亡」。而于佛果智斷無所缺減，是不失其正也。參見智旭：《周易禪解》，《嘉興藏》冊20，頁400下。

〔註67〕〔隋〕智顗說，灌頂記：《摩訶止觀》卷1，《大正藏》冊46，頁10中。

〔註68〕智旭：《教觀綱宗》，《大正藏》冊46，頁941下。

細無明，究竟登上了涅槃山頂。誠如《法華玄義》所言：「《普賢觀》云：『釋迦牟尼名毘盧遮那』，此即圓佛果成相也。」〔註69〕以虛空為寶座，已成清淨法身，法身無身，以遍在遍不在的一真法界為身，故其一一相好，也等同一真法界。居住於上上品的常寂光淨土，亦名上上品實報無障礙淨土。性德與修德，圓融不二，理具與事造，平等無差別。茲將天台六即之內涵，整理如下圖所示〔註70〕：

天台圓教六即	①理即			
	②名字即			
	③觀行即	外凡位		
	④相似即	十信（鐵輪）	初信——斷三界見惑	內凡位
			次六信——斷三界思惑	
			後三信——斷習氣並界外塵沙	
	⑤分真即	十住（銅輪）		分證位
		十行（銀輪）		
		十回向（金輪）		
		十地（琉璃輪）		
		等覺（摩尼輪）		
	⑥究竟即	妙覺（佛果）		佛位

上表所示如《觀心論疏》所言：「事約六即明之。若一切眾生心神冥妙不可執持，但有名字，名為理即也。若更讀誦等，是名字即也。又加觀行明淨、心無纖芥疑閡，名觀行即也。若得六根清淨互用，是相似即也。亦對十信位，若十住位一發一切發，開佛知見，是分真即也。到妙覺地，是名究竟即也。」〔註71〕

綜上所論，智顗與智旭對於天台六即的看法，如前已述，最主要的差異在於對「理即」的解法不同，其餘大致上相同。

〔註69〕〔隋〕智顗說，灌頂記：《法華玄義》卷7上，《大正藏》冊33，頁766下。
〔註70〕參見鎌田茂雄著，韓瑜譯：《天台思想入門》（高雄：佛光文化事業公司，1993年），頁160。
〔註71〕灌頂：《觀心論疏》，《大正藏》冊46，頁614下。

第三節　智旭以「六即」合釋《周易》

以上爲分述六爻與六即的對應內涵，以下所述，則爲將六爻歸納齊論。

一、《乾文言》

> 潛龍勿用，下也。見龍在田，時舍也。終日乾乾，行事也。或躍在淵，自試也。飛龍在天，上治也。亢龍有悔，窮之災也。乾元用九，天下治也。

> 此以時位重釋六爻之義也。用九而曰「乾元」，正顯乾卦全體大用；亦顯「潛」「見」「惕」「躍」「飛」「亢」，皆無首而皆吉。

> 佛法釋者：理即佛，爲貶之極，故下。名字即佛，未有功夫，故時舍。五品位正修觀行，故行事。相似位，擬欲證眞，故自試。分證位，八相成道，故上治。究竟位，不住涅槃，故窮之災。用九，則以修合性，故天下治也。〔註72〕

《乾文言》綜述乾卦所象徵的龍象，乾卦常被以龍來代表，而在《周易禪解》裡則將佛性比附爲乾卦，透過六個不同的階位概念，來指涉不同的時勢、位置、形態所蘊藏的人、事、物的意象內涵。今以對應的方式來作爲歸納，列表呈顯上義：

爻位	爻辭	狀態	天台六即	智旭釋義	今義
初九	潛龍勿用	潛	理即佛，爲貶之極	下也	培養正氣，勿自恃其健。
九二	見龍在田	見	名字即佛，未有功夫	時舍也	健而得中，不偏不倚，利見大人。
九三	終日乾乾	惕	五品位，正修觀行	行事也	日勉於行，夕察其過，雖有危厲，能無咎。
九四	或躍在淵	躍	相似位，擬欲證眞	自試也	待時脫化，或躍而起，或在於淵，防危慮險。
九五	飛龍在天	飛	分證位，八相成道	上治也	隱顯不測，隨時濟物。
上九	亢龍有悔	亢	究竟位，不住涅槃	窮之災也	進健太過，必敗其事。〔註73〕

〔註72〕智旭：《周易禪解》卷1，《嘉興藏》冊20，頁399中。
〔註73〕參見胡瀚平：《話解易經》，冊上，頁10。

上言以用九表「乾元」，正揭顯乾卦之全體大用；亦顯示出「潛」、「見」、「惕」、「躍」、「飛」、「亢」的六爻狀態，皆以群龍無首爲吉，力行剛健之道，貴在隨時，須體察自身所處的時機、位置而採取不同爻位的剛健特性，猶如天台六即的修證階位。吾人若能透過道德修養來契合本具的性德，則天下必能得治而太平。

二、《需》

> 郭氏曰：此如仁傑之結交五虎。佛法釋者：不惟入佛境界，亦可入魔境界。還來三界，廣度眾生。觀三界依正因果諸法，無不現現成成即是一心三觀。故常爲三界不請之友，而三界眾生有敬之者必終吉也。〔註74〕

上述需卦的六即內涵，參照乾卦六即之例解，即可依此類推。智旭藉溫陵郭氏之言，以助釋六即深義，溫陵郭氏舉歷史人物來比附需卦，爲上語的特色，從初爻至上爻分指：顏子、孔子、周公、文王、帝堯館甥、狄仁傑之結交五虎之需。需卦之本義爲必需等待。胡瀚平有言：「等待是因坎險橫亘在前，待時而後進，入險才能出險。六爻之義，初九待于郊，不犯難而進，九二待於水邊的流沙，雖有小小言語之傷，也不害其爲吉；九三待於泥水之間，也並未觸犯坎險，說明乾體三爻知險而皆能待。到六四，三陽入險而能出乎險，到九五，三陽出險與九五相合會，需待之道已成。到了上六，「不速之客三人來」指明需極當變，卦體反轉而成下面的的訟卦，通觀前後六爻，一卦的卦義非常明白。」〔註75〕據此可助吾人釐清需卦六爻義，對讀上引智旭釋義，當能明白需卦與天台六即會通之義。

三、《泰》

> 泰：小往大來。吉亨。
>
> 聖人見萬物之資始，便能即始見終。知其由終有始，始終止是一理。但約時節因緣假分六位，達此六位無非一理。則位位皆具龍德，而可以御天矣。天即性德也。修德有功，性德方顯，故名御天。〔註76〕

〔註74〕智旭：《周易禪解》卷2，《嘉興藏》冊20，頁402中～下。

〔註75〕參見胡瀚平：《話解易經》，冊上，頁60。

〔註76〕智旭：《周易禪解》卷1，《嘉興藏》冊20，頁397下。

> 夫爲下者每難于上達，而爲上者每難于下交。今小往而達于上，大
> 來而交于下。此所以爲泰而吉亨也。約世道，則上下分定之後，情
> 得相通，而天下泰寧。約佛法，則化道已行，而法門通泰。約觀心，
> 則深明六即，不起上慢，而修證可期。又是安忍強軟二魔，則魔退
> 而道亨也。強軟二魔不能爲患是小往，忍力成就是大來。〔註77〕

《泰》：「小往大來。吉亨。」上卦坤、下卦乾，三陰、三陽，泰卦取法「陰
氣下降，陽氣上升」之自然意象，如智旭所言「今小往而達于上，大來而交
于下」，若能安忍強、軟二魔，則魔自退卻而道亨，即強、軟二魔不能爲患是
小往，忍力成就是大來。。由於天地交泰而生育，萬物和合、欣欣向榮，因
此能夠既吉利又亨通。約世道而言，當上下得以分定之後，上下之情亦得以
相通，而天下泰寧。約佛法而言，則化道已行，而法門通泰。約觀心而言，
若能深明六即，則不起上慢心，而修證可期。聖人深明緣起甚深之理，初見
萬物資生伊始，便能就緣起而見因果的流轉，徹見始終皆爲諸法實相之理。
證眞的過程因時節因緣不同而假分六位，六即的設立實爲究竟證悟諸法實相
之理。六即階位的每個位置皆具龍德（佛性），若能知此，則以六即闡佛性之
理自明；質言之，天即性德，唯有廣行六度萬行積累修行的功德，才能使本
具的性德顯現，此即御天之義。

四、《觀》

> 約佛法釋六爻者：初是外道，爲童觀。有邪慧故。二是凡夫，爲闚
> 觀。耽味禪故。三是藏教之機。進爲事度，退爲二乘。四是通教大
> 乘初門，可以接入別圓。故利用賓于王。五是圓教之機。故觀我即
> 是觀民。所謂心佛眾生三無差別。上是別教之機，以中道出二諦外。
> 眞如高居果頭，不達平等法性。故志未平。又約觀心釋六爻者：初
> 是理即，如童無所知。二是名字即，如女無實慧。三是觀行即，但
> 觀自心。四是相似即，鄰於眞位。五是分證即，自利利他。六是究
> 竟即，不取涅槃。遍觀法界眾生。示現病行，及嬰兒行。〔註78〕

《觀》卦，上巽下坤，其本義爲諦視，即仔細審視之意。觀之六爻分指：童
觀、闚觀、觀我生、觀國之光、觀我生、觀其生。意指：①童蒙無知之見；

〔註77〕智旭：《周易禪解》卷3，《嘉興藏》冊20，頁411中。
〔註78〕智旭：《周易禪解》卷3，《嘉興藏》冊20，頁419上～中。

②如車內闚觀,其觀不遠;③觀照自心,知所進退;④喻指親近道德涵養高深者;⑤善察民德之善惡,以資自利利他。⑥不取涅槃,遍觀法界眾生,廣度眾生,以證平等性智。

據上言,可以透過分析智旭的語意,來釐清智旭對於觀卦與天台六即之關涉內涵:

①初是理即,如童無所知——外道,為童觀。有邪慧故。

②二是名字即,如女無實慧——凡夫,為闚觀。耽味禪故。

③三是觀行即,但觀自心——藏教之機。進為事度,退為二乘。

④四是相似即,鄰於真位——通教大乘初門,可以接入別圓。故利用賓于王。

⑤五是分證即,自利利他——圓教之機。故觀我即是觀民。所謂心佛眾生三無差別。

⑥六是究竟即,不取涅槃。遍觀法界眾生。示現病行,及嬰兒行——別教之機,以中道出二諦外。真如高居果頭,不達平等法性。故志未平。

五、《賁》

> 佛法釋者:初九以施自賁,六二以戒自賁,九三以忍自賁,六四以進自賁,六五以定自賁,上九以慧自賁。又初九為理賁,不以性德濫修德故。六二為名字賁,從此發心向上故。九三為觀行賁,不可暫忘故。六四為相似賁,不住法愛故。六五為分證賁,于三諦不漏失故。上九為究竟賁,復于本性,無纖瑕故。〔註79〕

朱熹《周易本義》釋《賁》卦:「賁,飾也。卦自《損》來者,柔自三來而文二,剛自二上而文三。自《既濟》而來者,柔自上來而文五,剛自五上而文上。又內離而外艮,有文明而各得其分之象,故為『賁』。」依上義,「賁」具裝飾之義,如《周易》所言:「觀乎天文,以察時變;觀乎人文,以化成天下。」〔註80〕此即為「文化」之原始義,以文化成天下,使百姓得以移風易俗,道德日臻上乘,四海咸登太平之境。同理,吾人藉六即佛之浸潤,能導引吾人漸入體證法性之究竟。智旭將賁卦六爻與六即會通的義理如下:

初九:施自賁——理賁——不以性德濫修德故。

〔註79〕智旭:《周易禪解》卷4,《嘉興藏》冊20,頁421上。
〔註80〕〔宋〕朱熹:《周易本義》,頁103~106。

六二：戒自賁——名字賁——從此發心向上故。

九三：忍自賁——觀行賁——不可暫忘故。

六四：進自賁——相似賁——不住法愛故。

六五：定自賁——分證賁——于三諦不漏失故。

上九：慧自賁——究竟賁——復于本性，無纖瑕故。

六、《井》

初六。井泥不食。舊井無禽。

《象》曰：井泥不食，下也。舊井無禽。時舍也。

井之六爻：三陰為井，三陽為泉。初居最下，故象如泥。不惟人不食之，禽亦不顧之矣。理即佛也。

九二。井谷射鮒。甕敝漏。

《象》曰：井谷射鮒，無與也。

在下之中，故為井谷。有泉可以射鮒，而上無應與。如甕既敝漏，不能相汲也。魚之至小者名鮒。蓋指初六，此是名字即佛。薄有聞熏，未成法器。

九三。井渫不食。為我心惻。可用汲。王明，並受其福。

《象》曰：井渫不食，行惻也。求王明，受福也。

以陽居陽，其泉潔矣。猶居下卦，不為人食，是可惻也。上六應之，故可用汲。蓋王既明而用賢，則賢者之福非止獨受而已。此是觀行即佛。圓伏五住故井渫，未證理水故不食。宜求諸佛加被，則可自利利他也。

六四。井甃無咎。

《象》曰：井甃無咎，修井也。

甃者，以磚石包砌其傍，所以禦汙而潔泉者也。故曰修井。此是相似即佛，從思慧入修慧，禦二邊之汙，而潔中道之泉。

九五。井洌寒泉食。

《象》曰：寒泉之食，中正也。

陽剛中正，泉之至潔而冷然者也。功及于物，故得食之。此是分證即佛。中道理水，自利利他。

上六。井收勿幕，有孚元吉。

《象》曰：元吉在上，大成也。

以陰居上，如井之收。收，即井欄。常露之而勿幕。眾皆汲之，而所養無窮矣。此是究竟即佛，功德滿足，盡未來際恒潤眾生。〔註81〕

初六：井泥不食。舊井無禽——理即佛——初居最下。

九二：井谷射鮒。〔註82〕甕敝漏——名字即佛——薄有聞熏，未成法器。

九三：井渫不食。為我心惻。可用汲。王明，並受其福——觀行即佛。圓伏五住故井渫，未證理水故不食。宜求諸佛加被，則可自利利他也。

六四：井甃無咎——相似即佛——從思慧入修慧，禦二邊之汙，而潔中道之泉。

九五：井冽寒泉食——分證即佛——中道理水，自利利他。

上六：井收勿幕，有孚元吉——究竟即佛——功德滿足，盡未來際恒潤眾生。

智旭將井卦六爻與六即會通的義理具如上述。

《易經》包羅萬象、博大精深，涵攝宇宙萬相，雖難探其奧義，但若能掌握它的三大法則：不易、簡易、變易，深明天（大宇宙）人（小宇宙）合一、乾元剛健的一炁（佛性）流行十法界之道，則能藉由日常生活當中去觀照自己的起心動念之幽微變化，深信如智旭所言：

十法界不出一心，名之為幾。知此妙幾，則上合十方諸佛本妙覺心，與佛如來同一慈力，故上交不謟；下合十方六道一切眾生，與諸眾生同一悲仰，故下交不瀆。稱性所起始覺，必能合乎本覺，故為吉之先見。〔註83〕

又言：

爻即效此易簡，象即像此易簡。苟吾心之爻象一動乎內，則事物之吉凶即現乎外。吉可變凶，凶可變吉。得此善變之方，乃見裁成輔相功業。而聖人所以教人之真情，則全見乎卦爻之辭，所應深玩細

〔註81〕 智旭：《周易禪解》卷6，《嘉興藏》冊20，頁439下～440上。

〔註82〕 智旭：「魚之至小者名鮒。」參見智旭：《周易禪解》卷6，《嘉興藏》冊20，頁439下～440上。

〔註83〕 智旭：《周易禪解》卷9，《嘉興藏》冊20，頁460下。

> 觀者也。是故生生之謂易。而天地之大德，不過此無盡之生理耳。
> 聖人體天立極，其所以濟民無疆者則在位耳。何以守位？則必全體
> 天地之德，純一不已之仁耳。仁則物我一體矣。庶必加之以富，故
> 曰財。富必加之以教，故曰義。此內聖外王之學，一取法於天地事
> 物者也。〔註84〕

一切吉凶禍福無不出於自心，心外更無別法。此易理所以雖至幽深，實不出
於百姓日用事物之間，因而具有此能力。〔註85〕假使吾心之爻象一動乎內，
則事物之吉凶即現乎外。藉此內心感應外物之理，遂能將吉變凶，凶變吉。
一旦吾人得此善變之妙方，乃得見裁成輔相之功業。而聖人教導世人之真情，
隱然全見於卦爻之辭，此乃所應深玩細觀者。〔註86〕此理於《周易禪解》俯
拾可得，令人驚嘆智旭之高見與智慧。

　　綜結天台圓教六即的論述，若能明白兩層意涵，則能掌握其論旨：其一、
「六而常即」，六即分成六位，此六即位雖分成六個階位之別，從外層結構看
來是有差別；然而其體性是沒有差別的，六即之間彼此互即。所謂的「即」，
就是「是」的意思，有「等同」之意。換句話說，理即即是名字即（理位即
是名字位），乃以「六即」階位的施設，可以讓吾人在體證真理的過程中，不
生起傲慢心而遮蔽住真理。其二、「即而常六」，意即雖然一切眾生皆具與如
來相同的佛性，但若不身體力行去體證真理，奢言自己與佛祖同一鼻孔出氣，
未免惹來一陣訕笑。根據《華嚴經》所安立的大乘菩薩修行過程中，領悟真
理的程度可分成十信、十住、十行、十迴向、十地、等覺、妙覺等五十二位；
而天台宗主張，這只是別教菩薩之實踐階位，而非屬於圓教；因此智者大師
另立圓教菩薩的六個實踐階位，稱之為「六即」。

　　天台六即混融於《易》中，藉由天台化法四教——藏、通、別、圓教中
對六即的各別見解，予以對應修證五十二階位，而禪觀時所達到的修證階位
與《易經》仰觀於天、俯察於地、近取諸物所觀察歸納得出的大自然法則，
似乎有冥符之處，在思想的形成與實踐進路上的雙層相符，使得智旭得以運
用天台六即來詮釋易理，得到全面性的符應與貫串，成就了此智旭妙拈佛法
之花，而令三教微笑的代表作。綜上論述，智旭不但在治易學養臻至上乘，
已達爐火純青的境界，更對儒釋道三家融貫無礙，得以縱橫自在地暢演心要。

〔註84〕智旭：《周易禪解》卷9，《嘉興藏》冊20，頁459上。
〔註85〕智旭：《周易禪解》卷9，《嘉興藏》冊20，頁462下。
〔註86〕智旭：《周易禪解》卷9，《嘉興藏》冊20，頁459上。

第六章　《周易禪解》之「方法論」

　　本章共分成四節討論：第一、「《周易禪解》與『天台圓教十乘觀法』之關涉」，首先解明天台圓教十乘觀法意義與內涵，進而論述天台智顗教觀並重的十乘觀法之精蘊所在及智旭在《教觀綱宗》中的十乘觀法。第二、「智旭以『十乘觀法』詮釋《周易》的內涵」，直探智旭運用「天台十乘觀法」對《周易》之詮釋進路，展現易經卦爻時位與十乘觀法巧妙聯繫、比附、對應來顯揚佛法的堂奧，揭顯智旭詮釋思想之特色。第三、「『十乘觀法』與『三陳九卦』之會通」，詳論智旭對「十乘觀法」與「三陳九卦」的詮解。第四、「十乘觀法的核心——『一念三千』與『一心三觀』」，以「一念三千」與「一心三觀」結證「現前一念心」的論述，會歸「易即吾人不思議心體」之旨趣，將實踐觀照「現前一念心」的工夫落實於一切時空之中，以提升吾人的心靈層次。

第一節　《周易禪解》與「天台圓教十乘觀法」之關涉

　　何謂「天台圓教十乘觀法」？天台圓教的十乘觀法與天台化法四教中的藏、通、別教的「十乘觀法」有何差別？「天台圓教十乘觀法」的完整內容，主要見於天台智者大師將整個佛法的實踐內涵盡統攝在晚年口述、灌頂記錄的《摩訶止觀》之中，而《摩訶止觀》之核心要義則在「十乘觀法」。何謂「止觀」？以依慧作觀、依止力行持為要旨之實踐內涵即是「止觀」。止觀法門之所觀境（對象）為十境，能觀的觀法（方法）則為十乘觀法。「十乘觀法」即是：1.觀不思議境，2.發菩提心，3.巧安止觀，4.破法遍，5.識通塞，6.修道品，

7.對治助開，8.知次位，9.能安忍，10.無法愛。十乘觀法非常重要，可說是天台實踐真理的方法之核心命題。

智旭撰有《教觀綱宗》，對天台化法四教中的藏、通、別、圓教的「十乘觀法」有著詳細的闡釋，他如何運用「天台圓教十乘觀法」對《周易》進行詮釋？從《周易禪解》的文獻杷梳得知：原則上，智旭係採取一個觀法與一個卦會通的方式，來對《周易》進行詮釋，譬如在《周易禪解》裡，智旭將《易經》卦序的第三卦（屯卦）至第十二卦比卦，共十個卦比附十乘觀法；此外，將《易》視同十乘觀法的第一觀——「觀不思議境」，並將孔子著名的三陳九卦與十乘觀法的第二觀至第十觀會通。但，有時候的比附方式，並不具規則性，譬如在《周易禪解》中，有關「觀不思議境」的論述，共有三處：（一）智旭解《乾》卦卦辭與爻辭者之《乾文言》；（二）智旭解《屯》卦大象辭；（三）《隨》卦。

智旭從「觀心」的角度來解釋六十四卦《大象傳》，所有任何事物都可攝歸於吾人的心性之中。他舉了《乾》卦天行常健而法性不息為例，來說明吾人只要能效法天行之健而自強不息，則可以修合性。[註1] 如何修，才能合性？智旭於解釋《乾》卦《大象》辭中提到「法身流轉五道名曰眾生，故為『潛龍』。理即法身，不可用也。具縛凡夫，能知如來秘密之藏，故『德施普』」。強調人人雖本具佛性，但由於是處於潛藏的狀態，有待經由修行的過程而開顯，因此藉由「十乘妙觀」來念念熏修，以「反復道」[註2] 的實踐進路，格外重要。

一、天台「十乘觀法」大要

天台智者大師將整個佛法的實踐內涵盡統攝在晚年口述、灌頂記錄的《摩訶止觀》之中，而《摩訶止觀》之核心要義則在「十乘觀法」。何謂「止觀」？以依慧作觀、依止力行持為要旨之實踐內涵即是「止觀」。止觀法門之所觀境（對象）為十境，能觀的觀法（方法）則為十乘觀法。

誠如學者吳汝鈞所言：「對比著天台學來說，直接的和自然的成素可比配智顗常說的無明、一念惑心和我見。而本質方面的精神的、理性的面向，則可比配法性（dhamata）。依智顗，人常有一念惑心，生起我見，壞的行為便出

〔註1〕參見智旭：《周易禪解》，《嘉興藏》冊20，頁398上。
〔註2〕參見智旭：《周易禪解》，《嘉興藏》冊20，頁398中。

來了，因此需要修行，要有止、觀的工夫，以恢復原有的法性的光明。」〔註
3〕可見「止觀」屬於佛法實踐次第的方法論之範疇。「觀心」的工夫內涵，雖
早見於大乘初期佛教，如《長阿含經》等經典〔註4〕，但「一心三觀」則為天
台智者順承金口祖承、今師祖承（慧文、慧思）所付法傳承的禪法與自身實
際修持所大力開創、提倡的天台不共法門。聖嚴法師亦言：「天台的一念三千，
是受自南岳的一心三觀；南岳的此一思想，是來自北齊慧文的三智一心；北
齊又是淵源於《大智度論》第二十七卷的『三智實在一心中得』。可見此一禪
法為中心的三位中國祖師之能開展成天台學派，源頭是出於印度的龍樹菩
薩。」〔註5〕

　　天台宗開山祖師智者大師（智顗）的《摩訶止觀》與《法華玄義》《法華
文句》並列為「天台三大部」之一，益見止觀之重要性。若捨「止觀」而論
天台教義，則天台思想必失去其湛然精粹的光彩。

　　關於止觀之義，詳見於《摩訶止觀》，如智者所言：「天台傳南岳三種止
觀：一、漸次，二、不定，三、圓頓，皆是大乘，俱緣實相，同名止觀。」
〔註6〕又言：

> 一切聖人，皆以無為法，而有差別，即其義也。圓頓者，初緣實相，
> 造境即中，無不真實。繫緣法界，一念法界，一色一香，無非中道。
> 己界及佛界、眾生界亦然，陰入皆如，無苦可捨；無明塵勞，即是
> 菩提，無集可斷；邊邪皆中正，無道可修；生死即涅槃，無滅可證。
> 無苦、無集故，無世間；無道無滅故，無出世間；純一實相，實相
> 外，更無別法。法性寂然名「止」，寂而常照名「觀」。雖言初後，
> 無二無別，是名「圓頓止觀」；漸與不定，置而不論。〔註7〕

天台智者大師談論漸次的止觀法門之內容，主要見於智者大師所述著的《釋
禪波羅蜜次第法門》〔註8〕，而不定的止觀法門之內容，則見於智者大師所述

〔註3〕吳汝鈞：〈《法華玄義》的哲學與綱領〉（臺北：文津出版社，2002年1月），
　　　　頁1～12。

〔註4〕《長阿含經》卷13：「比丘觀心依此身住，至彼化身亦復如是，此是比丘第二
　　　　勝法。所以者何？斯由精勤，念不錯亂，樂獨閒居之所得也。」參見後秦．
　　　　佛陀耶舍、竺佛念譯：《長阿含經》，《大正藏》冊1，頁86上。

〔註5〕釋聖嚴：〈天台思想的一念三千〉，《現代佛教學術叢刊》第57期（臺北：大
　　　　乘文化出版社，1979年），頁208～209。

〔註6〕〔隋〕智顗說，灌頂記：《摩訶止觀》卷1上，《大正藏》冊46，頁1下。

〔註7〕〔隋〕智顗說，灌頂記：《摩訶止觀》卷1上，《大正藏》冊46，頁1下～2上。

〔註8〕〔隋〕智顗撰：《釋禪波羅蜜次第法門》，《大正藏》冊46。

著的《六妙法門》〔註9〕，然而依皈戒、禪定、無漏、慈悲、實相而修的「漸次止觀」與更前更後、互淺互深的「不定止觀」，這兩種止觀可說是僅為天台純圓獨妙的圓頓止觀提供了建構修證原理的基礎；易言之，《摩訶止觀》旨在論證圓頓止觀，圓頓止觀才是智者大師著力最深之所在。《摩訶止觀》對於菩薩聞圓法、起圓信、立圓行、住圓位及以圓功德而自在莊嚴、以圓力用建眾生等論述甚詳，可逕參閱。〔註10〕

如上所述，「法性寂然名『止』，寂而常照名『觀』」；智者於《摩訶止觀》卷1亦說道：「發菩提心即是『觀』，邪僻心息即是『止』。」〔註11〕智者主張：「當知止觀、諸佛之師。以法常故，諸佛亦常，樂、我、淨等，亦復如是。」〔註12〕上述所論，在在強調：「止觀」於佛法實踐的重要性。根據《摩訶止觀》所述，四種三昧由於根據不同經典來成立包括《法華》以外諸經三昧法門的般舟三昧等緣故，因此可以將它歸屬為修持純粹法華圓教十乘觀法的外緣。而十乘觀法相對於四種三昧，實乃構成四種三昧的正因觀法，可說是法華圓教三昧所不可缺的內涵。進一步而言，十境十乘的正修觀法，更構成開發解脫智之正因。〔註13〕《摩訶止觀》中，對於四種三昧的論述如下〔註14〕：

止觀內涵	常坐三昧	常行三昧	半行半坐（方等）	半行半坐（法華）
所依經	文殊說經 文殊問經	般舟三昧經	方等經	法華經
身開遮	常坐	常行	旋百二十匝 卻坐思惟	行、立讀誦是經 坐思惟是經
口說默	專稱一佛名字	唱阿彌陀佛名	誦陀羅尼咒	兼說、默
意止觀	專繫緣法界 一念法界	念西方阿彌陀佛	思惟摩訶袒持陀羅尼	事：專誦大乘，懺六根。理：於諸法無所行，不分別。
一期時間	九十日	九十日	七日	二十一日

〔註9〕〔隋〕智顗說：《六妙法門》，《大正藏》冊46。
〔註10〕〔隋〕智顗說，灌頂記：《摩訶止觀》卷1，《大正藏》冊46，頁2上～中。
〔註11〕〔隋〕智顗說，灌頂記：《摩訶止觀》卷1，《大正藏》冊46，頁5中。
〔註12〕〔隋〕智顗說，灌頂記：《摩訶止觀》卷1，《大正藏》冊46，頁3上。
〔註13〕參見安藤俊雄著，蘇榮焜譯：《天台學——根本思想及其展開》，頁222～224。
〔註14〕參見李志夫編著：《摩訶止觀之研究》（臺北：法鼓文化事業公司，2007年），冊上，頁147。

　　四種三昧，具如上表所述，對於天台圓頓止觀進行對十境行十乘觀法前，依規定須具足前方便的二十五法（又稱之爲二十五方便），分爲具五緣、呵五欲、棄五蓋、調五事、行五法等五科，此爲實踐十境十乘觀法之不可輕忽的前行部分，誠如《天台四教儀集註》所言：「此二十五法，爲四教前方便，故應須具足。若無此方便者，世間禪定，尚不可得，豈況出世妙理乎！」〔註15〕「二十五法」的內容詳見《摩訶止觀》〔註16〕，十境十乘觀法與二十五法的關係，如《摩訶止觀》卷4所言：「圓教以假名五品觀行等位，去眞猶遙，名遠方便；六根清淨相似隣眞，名近方便。今就五品之前假名位中，復論遠近，二十五法爲遠方便，十種境界爲近方便，橫豎該羅十觀具足，成觀行位能發眞似，名近方便。……故歷二十五法約事爲觀，調麁入細，檢散令靜，故爲止觀遠方便也。」〔註17〕上言強調「十種境界爲近方便，橫豎該羅十觀具足，成觀行位能發眞似，名近方便。」無疑地，就圓頓止觀而論，十境十乘觀法遠比二十五法更趨近論述核心。

　　「十乘觀法」的完整論述，主要見於《摩訶止觀》，而《摩訶止觀》五略十廣的組織結構相當縝密〔註18〕，對於止觀正行的論述廣大圓滿，展現教觀雙美的完備，表列說明如下：

〔註15〕釋諦觀著・蒙潤註・從義解・元粹釋，釋慧嶽概說：《天台四教儀集註・集解・備釋合刊》（台北，中華佛教文獻編撰社，1997年），頁404。

〔註16〕　參見〔隋〕智顗說，灌頂記：《摩訶止觀》卷4，《大正藏》冊46，頁35下～48下。具修五緣：所謂五緣係分爲持戒清淨、衣食具足、閑居靜處、息諸緣務、得善知識等五科。呵五欲：即呵斥色聲香味觸等五種應欲。棄五蓋：即捨棄貪欲、瞋恚、睡眠、掉悔、疑等五蓋。調五事：爲調食、調眠、調身、調息、調心等五事宜調和得所。行五法：依據毘曇及《大智度論》的說法，認爲行五法宜按欲、精進、念、慧、一心等五行分別付諸實踐。而「觀心五法」則主張，不即二邊而歸入中道者爲欲法，不離兩邊者爲精，歸於任運者爲進，繫念法界者爲念，修中觀方便門者爲巧慧，心水澄清，了知諸法及實相相即者爲一心，此皆行修五法的規定。參見安藤俊雄著，蘇榮焜譯：《天台學——根本思想及其展開》，頁246～254。

〔註17〕參見〔隋〕智顗說，灌頂記：《摩訶止觀》卷4，《大正藏》冊46，頁35下～36上。

〔註18〕《摩訶止觀》卷1：「今當開章爲十：一、大意，二、釋名，三、體相，四、攝法，五、偏圓，六、方便，七、正觀，八、果報，九、起教，十、旨歸。」參見〔隋〕智顗說，灌頂記：《摩訶止觀》卷1，《大正藏》冊46，頁3中。

發大心	1.大意	發菩提心	發大心	發大心、修大行、感大果、裂大網、歸大處
	2.釋名			
	3.體相			
	4.攝法			
	5.偏圓			
修大行	6.方便	四種三昧		常坐、常行、半行半坐、非行非坐三昧
	7.正修	十境	十乘觀法	
感大果	8.果報	證眞果		
裂大網	9.起教	化他		
歸大處	10.旨歸	涅槃秘藏		

二、化法四教──藏、通、別、圓教「十乘觀法」的內涵

智旭大師對於「十乘觀法」推崇備至，見於《靈峰蕅益大師宗論》卷5：

> （復張中柱）儒釋二學，到家雖別，入門大同。若云尊德性而道問
> 學，即全性起修之謂也，若云下學而上達，即全修顯性之謂也，未
> 有不圓悟心佛眾生三無差別。可言修證工夫者，亦未有不深修十乘
> 妙觀，可階究竟極果者。是故近世苟簡法門，最易湊泊，最難到家，
> 佛祖無上心印，最難入手，最易成辦。潙山云，此宗難得其妙，切
> 須仔細用心。可中頓悟正因，便是出塵階漸。生生若能不退，佛階
> 決定可期。……小止觀，可依行持。摩訶止觀，淵深宏博，須輔行
> 並觀。禪波羅密門，所詮禪法，工夫稍得力，即取看之可也。六妙
> 門，維摩疏二書，久錮海東。儻仗鼎力，復照此地，乃千古奇事，
> 日夜祝之。〔註19〕

智旭簡要說明前章已略述的尊德性與道問學之進路歸趣，強調透過深修十乘
觀法，可獲致究竟極果，舉揚十乘觀法爲頓悟正因，實非尚簡躐等的糟粕禪
者所能望其項背，申明「佛祖無上心印，最難入手，最易成辦」之極則，又
苦口婆心地叮嚀止觀要義與實修入手處，直指經典特色與禪門旨要，允爲吾
人研究十乘觀法的座右金句。

「十乘觀法」於智旭所撰的《教觀綱宗》之化法四教──藏、通、別、
圓教中，雖各有不同的內容，但究其於《周易禪解》所論述的旨趣，則專就

〔註19〕智旭：《靈峰宗論》，《嘉興藏》冊36，頁341下。

天台圓教的十乘觀法而論。爲使藏、通、別、圓教的「十乘觀法」能完整呈現，以資對顯分判，筆者擬列表說明《教觀綱宗》之化法四教內容如下〔註20〕：

十乘觀法	藏	通	別	圓
1.觀不思議境	觀正因緣境，破邪因緣、無因緣二種顛倒。	明觀境，六道陰入，能觀所觀，皆如幻化。	緣於登地中道之境，而爲所觀，迴出空有之表。	其車高廣。觀一切諸法皆是即空即假即中的中道實相之不思議境。
2.發菩提心	眞正發心，不要名利，惟求涅槃。（二乘志出苦輪，菩薩兼憫一切。）	二乘緣眞自行，菩薩體幻兼人，與樂拔苦，譬於鏡像。	眞正發心，普爲法界。	又於其上，張設幰蓋。由觀不思議境，得知眾生皆是涅槃相、菩提相，因無明顛倒造業而不知，故起四弘誓願大慈悲心。
3.巧安止觀	遵修止觀，謂五停名止，四念名觀。	安心如空之止觀。	安心止觀，定愛慧策。	車內安置丹枕。體生死即涅槃爲定，達煩惱即菩提爲慧。如此須定慧均等。
4.破法遍	遍破見愛煩惱。	以幻化慧，破幻化見思。	次第遍破三惑。	其疾如風。以圓三觀破三惑遍。
5.識通塞	識道滅、還滅、六度，是通；苦集流轉六蔽，是塞。	雖知苦、集、流轉、六蔽等，皆如幻化，亦以幻化道滅，還滅六度等通之。	識次第三觀爲通，見思、塵沙、無明爲塞，傳傳檢校，是塞令通。	如車外枕，亦作軫。善識通塞。
6.修道品	調適三十七品，入三脫門。	以不可得心，修三十七道品。	調適三十七道品，是菩薩寶炬陀羅尼，入三解脫門，證中無漏。	有大白牛，肥壯多力等。調適無作道品、七科三十七分。
7.對治助開	若根鈍不入，應修對治事禪等。	體三藏法，無常苦空，如幻而治。	用前藏通法門，助開實相。	又多僕從而侍衛之。以藏通別等事相法門，助開圓理。
8.知次位	正助合行，或有薄益，須識次位，凡聖不濫。	識乾慧等如幻次位，而不謬濫。	善知信、住、行、向、地、等、妙，七位差別，終不謂我叨極上聖。	知次位，令不生增上慢。
9.能安忍	安忍內外諸障。	安忍乾慧位，內外諸障，而入性地。	離違順強軟二賊，策十信位，入於十住。	能安忍，策進五品，而入十信。
10.無法愛	不於似道而生法愛。是爲要意，利人節節得入，鈍者具十法方悟。	不著性地相似法愛，而入八人見地證眞。利鈍分別如前說。	離相似法愛，策第十心，令入十地。	乘是寶乘，遊於四方，直至道場。離法愛，策於十信，令入十住，乃至等妙。

〔註20〕參見智旭：《教觀綱宗》，《大正藏》冊46，頁939中。

　　上述爲智旭於《教觀綱宗》闡釋「十乘觀法」的內容，他將「十乘觀法」比配猶如古代的馬車，使眾生乘此馬車，而載運眾生抵達涅槃彼岸。譬如：「十乘觀法」的第一觀「觀不思議境」，被形容爲「其車高廣」，指涉這輛載運眾生的車體非常高大、廣闊，可以運載無量無盡的眾生。而第二觀「發菩提心」被指爲「又於其上，張設幰蓋」，在高廣的車加裝了幰蓋，形容因廣發菩提心，而普覆法界，使更多眾生得到庇蔭。第三觀「巧安止觀」爲車內安置丹枕，除了前兩者的設備外，更在車內安置了枕頭，形容在到達彼岸的過程之中，對於任何境界，因爲能夠巧妙地藉著止觀的修行，而令身心安頓。第四觀「破法遍」，由於能以空假中三觀破三惑（迷心即空，名見思惑；迷心即假，名塵沙惑；迷心即中，名無明惑），於驅馳馬車的途中，由於已掃除障礙，所以馬車行進的速度像風一樣地快。第五觀「識通塞」，有如「車外枕」（亦作軫），即馬車行進時，供馬車暫停時，於前後輪放置枕木，使馬車進退得宜，形容吾人須以智慧判斷如何做才能亨通，而如何做則會阻塞，使令常通勿塞，早日抵達涅槃彼岸的目的地。第六觀「修道品」，在各種法門的幫助之下，使得運載馬車的工具，有如肥壯多力的大白牛般，氣力碩大，能輕易地拖動度眾的馬車；此處的大白牛，其典故出自於《妙法蓮華經》的三車喻。〔註21〕第七觀「對治助開」，由於各人根器不同，因此遇到的問題也有所不同，若能運用藏、通、別教的法門，來助開圓教理，則自然「又多僕從而侍衛之」。智旭

〔註21〕《妙法蓮華經·譬喻品》卷2：「爾時長者即作是念：『此舍已爲大火所燒，我及諸子若不時出，必爲所焚。我今當設方便，令諸子等得免斯害。』父知諸子先心各有所好種種珍玩奇異之物，情必樂著，而告之言：『汝等所可玩好，希有難得，汝若不取，後必憂悔。如此種種羊車、鹿車、牛車，今在門外，可以遊戲。汝等於此火宅、宜速出來，隨汝所欲，皆當與汝。』爾時諸子聞父所說珍玩之物，適其願故，心各勇銳，互相推排，競共馳走，爭出火宅。是時長者見諸子等安隱得出，皆於四衢道中露地而坐，無復障礙，其心泰然，歡喜踊躍。時諸子等各白父言：『父先所許玩好之具，羊車、鹿車、牛車，願時賜與。』」「舍利弗！爾時長者各賜諸子等一大車，其車高廣，眾寶莊校，周匝欄楯，四面懸鈴；又於其上張設幰蓋，亦以珍奇雜寶而嚴飾之，寶繩絞絡，垂諸華纓，重敷綩綖，安置丹枕。駕以白牛，膚色充潔，形體姝好，有大筋力，行步平正，其疾如風；又多僕從而侍衛之。」參見〔後秦〕鳩摩羅什譯：《妙法蓮華經》，《大正藏》冊9，頁12下。又如《妙法蓮華經·譬喻品》卷2所言：「有大白牛，肥壯多力，形體姝好，以駕寶車。多諸儐從，而侍衛之。以是妙車，等賜諸子。諸子是時，歡喜踊躍，乘是寶車，遊於四方，嬉戲快樂，自在無礙。」參見後秦·鳩摩羅什譯：《妙法蓮華經》，《大正藏》冊9，頁14下。

並沒有爲第八觀「知次位」、第九觀「能安忍」比配這台馬車，直到第十觀「無法愛」，由於對一切法已無執，因此被形容爲「乘是寶乘，遊於四方，直至道場。」

　　綜上所述，智旭將十種觀法譬喻成度眾的馬車，車上的設備與功能等描述，實出自《妙法蓮華經》，各個觀法各具不同作用，然而其目的只有一個，即幫助吾人體證到自心不可思議之諸法實相。

三、天台圓頓止觀之十乘觀法析論

　　十乘觀法中，是以觀不思議境爲觀法之正觀，分之爲十，乃是針對不同根性的眾生而設，而有上、中、下三品之別。何種根性修何種法？智顗於《摩訶止觀》「觀陰入界境的十乘觀法」中說道：「上根須修一至三法，中根須修一至六法，下根則須修十法。」智旭《教觀綱宗》云：「上根觀境，即於境中，具足十法；中根從二，展轉至六，隨一一中，得具十法；下根須具用十也。」〔註22〕智旭則是參考《天台四教儀》，歸納出：「上根人，只要修觀不思議境；中根人，則須修一至六法；下根人，則須修十法」的說法。

　　智顗將修習天台止觀的方法區分成兩種，即坐中修（端坐觀陰入界境）與坐禪中（歷緣對境陰入界），藉以區分的原因與理由何在？這兩種的差別有何異同之處？此爲探討十乘觀法所無可迴避的論題。首先，對於智者大師坐中修與坐禪中修止觀的分野，見於智者大師《修習止觀坐禪法要·正修行第六》：

> 端身常坐，乃爲入道之勝要，而有累之身，必涉事緣；若隨緣對境而不修習止觀，是則修心有間絕，結業觸處而起，豈得疾與佛法相應？若於一切時中，常修定慧方便，當知是人必能通達一切佛法。
> 〔註23〕

「端身常坐」固爲「入道之勝要」，但吾人於二六時中，舉凡關涉身心之事必然與事物本身的因緣生滅有關；畢竟坐中修的時間有限，如果能隨緣對境而修習止觀，則能保持心對於所觀境的觀照，不使修行的心念有所間絕，致令因心缺乏觀照而結下業因，若能於一切時中，時常修定慧方便，則是人必能通達一切佛法。

〔註22〕智旭：《教觀綱宗》，《大正藏》冊46，頁942上。

〔註23〕智顗述：《修習止觀坐禪法要·正修行第六》，《大正藏》冊46，頁467下。

十乘觀法的主要論述見於《摩訶止觀》及《教觀綱宗》等，因此筆者擬以《摩訶止觀》及《教觀綱宗》為論述十乘觀法的核心，透過智顗與智旭的思想對顯的方式，勾勒出十乘觀法的關鍵所在。在《摩訶止觀》裡，對於十乘觀法的闡述，比較起來，對於第一觀——「觀心是不思議境」的論述明顯佔了相當大的篇幅，因此筆者於下節在論述各個觀法時，藉觀陰入界境（初所觀境）為例，說明十乘觀法對所觀境（陰入界境）如何作觀，以彰顯十乘觀法的實際運用方法及其內容精要。

智者大師盛讚此十乘觀法，多方引經句證以上十法為「大乘觀」，具如《摩訶止觀》所言：

是十種法，名「大乘觀」；學是乘者，名「摩訶衍」。云何大乘？如《法華》云：「各賜諸子等一大車。其車高廣，眾寶莊校，周匝欄楯，四面懸鈴。又於其上張設幰蓋，亦以珍奇雜寶而嚴飾之。寶繩交絡，垂諸華纓，重敷綩綖，安置丹枕。駕以白牛，肥壯多力，膚色充潔，形體姝好，有大筋力，行步平正，其疾如風。又多僕從而侍衛之。」止觀大乘亦如是。觀念念心無非法性實相，是名「等一大車」。於一一心，即空即假即中，是名「各賜大車」。徹三諦之源，名為「高」。收十法界，名為「廣」。無量道品，名「眾寶莊校」。四勤遮惡持善，又願來持行，釘鎋牢固，名「周匝欄楯」。法義辭辯，宣暢開覺，名「四面懸鈴」。慈悲普覆，無有遺限，名「張設幰蓋」。道品所攝，十力、無畏、十八不共之法，不與他共，名「珍奇嚴飾」。四弘誓願，要心不退，名「寶繩交絡」。四攝攝物，物無不悅，名「垂諸華纓」。諸禪三昧，起六神通，名「重敷綩綖」。四門歸宗，休息諸行，名「安置丹枕」。四念處慧，破除八倒之黑，名「駕以白牛」。四正勤增長二善，名「肥壯多力」。遮斷二惡，二惡盡淨，故言「膚色充潔」。四如意足，四辯自在，名「形體姝好」。五根盤固，不可移動，名為「筋」。五力增長，遮諸惡法，名為「力」。七覺簡擇，名為「行步」。八道安隱，名為「平正」。對治助道，廣攝諸法，名「又多僕從而侍衛之」。破法愛無明，入薩婆若海，發真速疾，名「其疾如風」。運載諸子，嬉戲快樂。此大乘觀，法門具度，與彼經合，故名「大乘觀」也。

上述所引，已該羅十乘觀法的全部內容與修證工夫，為智者大師引《法華經》文句以證成十乘觀法為大乘法的主要法源依據，若能完全理解，則能掌握十乘觀法之精髓。由於《摩訶止觀》並未對上語句說明，為釐清上段語句的精確語意，筆者參考了蒙潤所撰《天台四教儀集註》、智旭親撰的《教觀綱宗》，以及聖嚴法師《天台心鑰》對於十乘觀法的分析，筆者統括諸言，列表加以說明如下：

十乘觀法	《摩訶止觀》	《四教儀集註》	《教觀綱宗》	《天台心鑰》
1.觀不可思議	如《法華》云：各賜諸子等一大車。其車高廣，眾寶莊校，周匝欄楯，四面懸鈴。觀念念心無非法性實相，是名「等一大車」。於一一心，即空即假即中，是名「各賜大車」。徹三諦之源，名為「高」。收十法界，名為「廣」。無量道品，名「眾寶莊校」。四勤遮惡持善，又願來持行，釘鑷牢固，名「周匝欄楯」。法義辭辯，宣暢開覺，名「四面懸鈴」。	謂觀一念心具足無減，三千性相百界千如，即此之境，即空即假即中，更不前後，廣大圓滿，橫豎自在，故《法華經》云：其車高廣。	（觀不思議境）其車高廣。	如《法華經・譬喻品》所說的「其車高廣」，《法華文句》卷五下云：「譬如來知見深遠，橫周法界之邊際，豎徹三諦之源底」。
2.起慈悲心	又於其上張設幰蓋，亦以珍奇雜寶而嚴飾之。	謂依妙境，發無作四弘誓願，憫己憫他，上求下化，故經云：又於其上，張設幰蓋。	（真正發菩提心）又於其上，張設幰蓋。	如《法華經・譬喻品》所說的「又於其上，張設幰蓋」，《法華文句》卷五下釋云：「譬四無量，眾德之中，慈悲最高，普覆一切也。」
3.巧安止觀		謂體前妙理，常恆寂然，名為定，寂而常照，名為慧，故經云：安置丹枕（車內枕）。	（善巧安心止觀）車內安置丹枕。	如《法華經・譬喻品》所說的的車內「安置丹枕」，《法華文句》卷五下釋云：「譬一行三昧，息一切智、一切行也」，丹喻無分別法也。
4.破法遍		謂以三觀破三惑，三觀一心，無惑不破，故經云：其疾如風。	（以圓三觀破三惑遍）其疾如風。	如《法華經・譬喻品》云「其疾如風」。《法華文句》卷五下釋云：「八正道中行，速疾到薩婆若（一切智）」。
5.識通塞		謂苦、集十二因緣，六弊、塵沙、無明為	「車外枕，亦作軫。」	如「車外枕，亦作軫」，此非經文，《法

		塞，道、滅，滅因緣智，六度、一心三觀為通，若通須護，有塞須破，於通起塞，能破如所破，節節檢校，名識通塞。經云：安置丹枕（車外枕）		華文句》卷五云：「車若駕運，隨所到處，須此支昂，譬即動而靜，即靜而動。」喻為若塞須破，若通須護，但除其病，不除其法。
6.修道品	四念處慧，破除八倒之黑，名「駕以白牛」。四正勤增長二善，名「肥壯多力」。遮斷二惡，二惡盡淨，故言「膚色充潔」。四如意足，四辯自在，名「形體姝好」。五根盤固，不可移動，名為「筋」。五力增長，遮諸惡法，名為「力」。七覺簡擇，名為「行步」。八道安隱，名為「平正」。	謂無作道品，一一調停，隨宜而入。經云：有大白牛等。（以上五為中根）	（調適無作道品）有大白牛，肥壯多力等。	調適無作道品，有七科計三十七菩提分。如〈譬喻品〉云「有大白牛，肥壯多力等」，原經文是「駕以白牛，膚色充潔，形體姝好，有大筋力，行步平正」。《四教儀集註》云，此喻以實相為車體，道品為白牛前導。也就是以無作道品，牽引不思議觀境之車。
7.對治助開	對治助道，廣攝諸法，名「又多僕從而侍衛之」。	謂若正道多障，圓理不開，須修事助，謂五停心及六度等，經云：又多僕從（此下為下根）。	又多僕從，而侍衛之。	以藏、通、別等三教的事相法門，助開圓理，如〈譬喻品〉云：「又多僕從，而侍衛之」，《法華文句》卷五五下釋云：「譬方便波羅蜜，能屈曲隨人，給侍使令，（乃至）眾魔外道、二乘小行，皆隨方便智用。」《四教儀》則云「若正道多障，圓理不開，須修事助，謂五停心及六度等。」
8.知次位		謂修行之人，免增上慢故。		《四教儀》云：「謂修行之人，免增上慢故。」旭師的《釋義》第三十九條有云：「倘不知次位，起增上慢，以凡濫聖，招過不輕，故須深自簡察，為究竟耶？為分證耶？為相似耶？抑亦僅僅小輕安耶？既知次位，不起增上慢。」
9.能安忍		謂於逆順，安然不動，策進五品，而入六根。		《釋義》第三十九條云：「有強軟諸魔惱亂真修，須加安忍不動不退，策進進五品（弟子位）而階十信。」

| 10.無法愛 | 破法愛無明，入薩婆若海，發真速疾，名「其疾如風」。 | 謂莫著十信相似之道，須入初住真實之理。經云：乘是寶乘，游於四方（游四十位），直至道場（妙覺位）。 | 策於十信，令入十住，乃至等妙：乘是寶乘，遊於四方，直至道場。 | 《釋義》云：既階十信，六根清淨，得順道法，易生法愛，須離法愛，而入分真的十住，乃至等覺、妙覺。猶如《法華經·譬喻品》的偈頌云「乘是寶車，遊於，……直至道場。」經文原句是「乘此乘，直至道場，以是因緣，十方諦求，更無餘乘，除佛方便。」遊四方之句，乃是出於《四教儀》，意謂遊四十個位次。《釋義》云：在六根清淨的十信位之後，即入分真即佛位，「入分真已，分得大理、大誓願、大莊嚴、大智斷、大徧知、大道、大用、大權實、大利益、大無住。」 |

　　《天台四教儀集註》：「觀不思議境，謂觀一念心具足無減，三千性相百界千如，即此之境，即空即假即中，更不前後，廣大圓滿，橫豎自在……。」蒙潤大師註曰：「此初、乘觀忘能所故，從境受名。又為『九乘本』，稱『本修九』，方堪入位。謂觀一念心等者，即現前陰妄，一刹那心，稱性而觀，具三千法，不唯三科揀境，明一念心，正當於此揀思議心，取不思議心也。故《妙樂》一云：揀境及心。」〔註24〕慧嶽法師則指出：在十乘中的最初「觀不思議境」，是依境得名，「起慈悲心」以下的九乘，是依行從名。又初一乘是九乘之根本——觀道常軌，且是觀之總體，上中下三根普被共修的真相，餘九乘是別相，如應病之輕重投藥。即從第二「起慈悲心」乃至第七「對治助開」的六法，是輔助修觀的巧術，第八「知次位」以下的三法，是表明進趣的方法，即是專為針對下根者的便宜而設。再以行相而論：初四項是行門正軌，次三是隨宜的方便，後三是進趣的用意，故後三不能稱為觀法，唯作前七之修觀的成就後，所經過程的位次之表明而已。〔註25〕

　　《摩訶止觀》有言：

〔註24〕釋諦觀著，蒙潤註，從義解，元粹釋，釋慧嶽概說：《天台四教儀集註·集解·備釋合刊》，頁 406。

〔註25〕慧嶽法師：《天台教學史》（臺北：彌勒出版社，1983 年 3 月），頁 139～147。

> 復次，一切法悉一乘故，夫有心者，無不具足如此妙法，是名「理乘」。如來不說，則不能知；以聞教，歡喜頂受，即「名字乘」。因聞名故，依教修行，入五品位，名「觀行乘」。得六根清淨，名「相似乘」。從三界出，到薩婆若中住，是亦不住；若入初住，乃至十住，得「真實乘」，遊於東方。十行遊南方；十向遊西方；十地遊北方。輪環無際，得空而止，止於中央，即妙覺。直至道場，是此意也。〔註26〕

梳理智顗之言，便得其貫串十乘觀法與六即之論述，內容如下：

「理　即」——「理乘」——一切法悉一乘故，夫有心者，無不具足如此妙法。

「名字即」——「名字乘」——如來不說，則不能知；以聞教，歡喜頂受。

「觀行即」——「觀行乘」——因聞名故，依教修行，入五品位。

「相似即」——「相似乘」——得六根清淨。

「分證即」——「真實乘」——從三界出，到薩婆若中住，是亦不住；若入初住，乃至十住，遊於東方。

「究竟即」——「究竟乘」——十行遊南方；十向遊西方；十地遊北方。輪環無際，得空而止，止於中央，即妙覺。直至道場，是此意也。

第二節　智旭以「十乘觀法」詮釋《周易》的內涵

天台圓頓止觀的十乘觀法為正修止觀時，對於止觀十種所觀境作觀的十種法門。當正修止觀時，其所觀境共有十種境界，如《摩訶止觀》言：

> 開止觀為十：一、陰、界、入，二、煩惱，三、病患，四、業相，五、魔事，六、禪定，七、諸見，八、增上慢，九、二乘，十、菩薩。〔註27〕

為何將所觀境定為十種？根據智顗的說法，當吾人作觀時，必有所緣之觀境，十境乃智顗本人親身修行所體驗者而設定，依經義所釋，係根據吾人切身遠近為取捨法則，並因十境互具、互發不可思議，宛如心靈地圖般，導引吾人

〔註26〕〔隋〕智顗說，灌頂記：《摩訶止觀》卷7下，《大正藏》冊46，頁100上。

〔註27〕〔隋〕智顗說，灌頂記：《摩訶止觀》卷5，《大正藏》冊46，頁49上。

體證諸法實相之本然。不明十境，不但不知作觀下手處，更不知體系完備的十乘觀法內蘊。

　　觀不思議境，是以「一心三觀」爲本質的觀法，亦爲其他九乘觀法的觀體，且所觀之對境，舉出有十種。此十境是出自《涅槃經》、《維摩經》、《大智度論》、《究竟一乘寶性論》等，此十境特別是智者大師自身體驗之根本內容。〔註28〕十乘觀法皆以此十境爲所觀境，由於個人的資質稟賦與因緣果報有異，因此十乘觀法當中，以能清楚觀成自心不可思議爲終極目標。以觀不思議境爲例，任何十境皆可觀，因人而異，在實際的觀修上，並沒有一定的規律。筆者根據《摩訶止觀》所述，將十境安立的原因與其經典出處之依據，析論如下：

　　1. 觀陰界入境

　　　　大品（《大品般若經》）云：「聲聞乘人依四念處法門而行道，菩薩乘
　　　　修行者亦從最初觀色陰開始，乃至最後成就一切種智。」〔註29〕

安立之理由有二：第一、現前，第二、依據經典。佛經闡述修行法門，皆從觀五陰開始，此乃經而立。究論現前，吾人因業報所受的身心，無不由五陰、十二入等構成。因五陰熾盛的重擔現於眼前，易於顯現，因此將它列入首位，作爲止觀的對象。《天台四教儀》：「指陰入界三科。陰，指色、受、想、行、識的五陰，入是六根對六境的十二入，界是六根六境六識。從三科揀境，唯取捷徑，故取識陰爲觀境。依經所說，陰入界皆在日常中現前，最接近且一時無法脫離；介爾陰妄的一念心，又具三千三諦，觀陰入界境的實相，能觀得不思議境，故此陰入界境是最具體、現實的對境，這是以它爲最初觀境的目的。且十境的陰境常現，是凡夫之正報根本，其他九種是隨之而生的餘報──副受報而已。」〔註30〕

　　2.煩惱境：

　　　　《摩訶止觀》：「夫五陰與四大合，若不照察，不覺紛馳。如閑舟順

〔註28〕釋永本釋譯：《天台四教儀》（臺北：佛光文化事業有限公司，1997 年），頁
　　　　276。
〔註29〕參見〔隋〕智顗說，灌頂記：《摩訶止觀》卷 5，《大正藏》冊 46，頁 49 中。
〔註30〕《天台四教儀》對於十境的解說相當清楚，筆者採用了釋永本法師的譯文，
　　　　隨錄於說明《摩訶止觀》的文句之後，以資參照於前所列《摩訶止觀》的文
　　　　句，幫助吾人正確地理解。以下第二至第十境皆同此。參見釋參見釋永本釋
　　　　譯：《天台四教儀》，頁 276～278。

水，寧知奔逆？若其迴沂，始覺馳流。既觀陰果，則動煩惱因。故
次五陰而論四分也。」〔註31〕

安立之理由為：當五陰與四大合時，若不以止觀照察，則不覺內心紛馳，
好比閉舟順水，又怎麼知道煩惱如狂流奔騰飛逆，而障礙善因？當吾人想要
修行時，便如逆流而上，當觀此一念心時，始覺馳流。吾人既於上觀照由五
陰構成的眾生之業果，則必然觸動造成業報的煩惱之因。《天台四教儀》：「指
觀陰境中，激發無始劫來所積聚之煩惱惑現前，即諦觀此境予以對治。」

3.病患境：

《摩訶止觀》：「四大是身病，三毒是心病，以其等故，情中不覺。
今大分俱觀，衝擊脈臟，故四蛇偏起，致有患生。」〔註32〕

意即：眾生對於地、水、火、風四大引起的身病，與貪、瞋、癡三毒引起的
是心病，無始以來即身心交病，無所知覺。現在通過觀陰界入境、煩惱境，
對四大構成的色陰，以及受、想、行、識等四陰轉成的四分煩惱，都已加以
觀察，於是衝擊身內的經脈臟腑。《天台四教儀》：「原本失調的地、水、火、
風四大，此時猶如四條毒蛇，導致病患境的產生。因身體四大所引發，能妨
礙聖道，故須觀病源以法對治為旨趣。」

4.業相境：

《摩訶止觀》：「無量諸業不可稱計，散善微弱不能令動。今修止觀，
健病不虧，動生死輪，或善萌故動，惡壞故動。善示受報故動，惡
來責報故動。故次病說業也。」〔註33〕

眾生無始以來所造之業難以數計，對不修禪定者而言，以散亂心所修的善業，
因力量微弱，不能發動業相境的顯現。現在，通過修習止觀而發動業相境。
由於曾歷觀陰界入境、煩惱境、病患境，已然明白業力根由，遂於因業受報
如生死輪之轉動，當心一靜，倏忽如影顯現。有的因過去世的善因而萌生善
業之相，有的因過去世的善因而萌生善業之相，也有的因過去世的惡因而導
致壞滅之相；由善因而顯示受善報的果相，由惡因而顯示受惡報的果相。《天
台四教儀》：「無始劫以來所作之善惡業，於定中顯現，善不喜、惡不怖，仗
觀察力精進，達一心不亂，業相自然消除。」

〔註31〕參見〔隋〕智顗說，灌頂記：《摩訶止觀》卷5，《大正藏》冊46，頁49中。
〔註32〕參見〔隋〕智顗說，灌頂記：《摩訶止觀》卷5，《大正藏》冊46，頁49中。
〔註33〕參見〔隋〕智顗說，灌頂記：《摩訶止觀》卷5，《大正藏》冊46，頁49中。

5.魔事境：

《摩訶止觀》：「以惡動故惡欲滅，善動故善欲生。魔遽出境，作諸
留難，或壞其道。故次業說魔。」〔註34〕

當吾人觀業相境之際，若見到惡相發動，便欲滅惡而順於涅槃；而當見善相
發動，則欲生善而順於菩提。魔因爲畏懼修行者的滅惡生善，將會把它驅逐
出其盤踞的勢力範圍，便製造種種魔境進行騷擾，以破壞修行者的道業。所
以，接著業相境而論說魔事境。《天台四教儀》：「實踐修持中，未破業惑，所
引發之魔相，以妨礙修道。智者大師列舉魔相有：有、無、明、闇、定、亂、
愚、智、悲、喜、苦、樂、禍、福、善、惡、憎、愛、強、軟二十種。可誦
戒、呵棄、諦觀實相，予以怯退。」

6.禪定境：

《摩訶止觀》：「若過魔事，則功德生，或過去習因，或現在行力，
諸禪競起，或味或淨，或橫或豎。故次魔說禪。」〔註35〕

若在止觀中通過種種魔事境的考驗，則會生發禪定功德，使得修行者貪著禪
味，反而陷入禪定的束縛。有的因過去世修禪的「習因」，有的則因現在的修
行之力，使得各種禪定境界競相生起。有的生起外道與凡夫所著的「味定」，
有的生起凡夫相應於有漏善心所起的「淨定」。更有人在各種禪境中，若非停
留於橫向的某一境界，即進入豎向的某一深度中。故在魔事境之後，論及各
種禪定境。《天台四教儀》：「禪定中，雖無魔事，但未達真觀，因宿習而耽著
喜好禪味，應速離此縛，以如理如法之禪境作觀爲旨趣。」

7.諸見境：

《摩訶止觀》：「禪有觀支，因生邪慧，逸觀於法，僻起諸倒，邪辨
猛利。故次禪說見。」〔註36〕

當吾人進入初禪時，會產生有別於以往的「觀支」經驗，更由於心定發慧而
對事物產生相似的悟境，若以此自滿，不再精進，則易生偏邪的智慧，沉湎
於相似悟境，甚至生起種種顛倒的見解，或以世智辨聰自滿。因此，緊接著
禪定境而析論諸見境。《天台四教儀》：「邪見可由聞法、禪定而生。禪定中，
因心靜明朗，易於通達妙悟而生執；過於聰敏、雄辯，也易墮入邪見。此兩

〔註34〕〔隋〕智顗說，灌頂記：《摩訶止觀》卷5，《大正藏》冊46，頁49中。
〔註35〕〔隋〕智顗說，灌頂記：《摩訶止觀》卷5，《大正藏》冊46，頁49中。
〔註36〕〔隋〕智顗說，灌頂記：《摩訶止觀》卷5，《大正藏》冊46，頁49中。

種皆爲修行上之障礙，應依正觀去除而入正道。」

8.增上慢境：

《摩訶止觀》：「若識見爲非，息其妄著貪瞋，利鈍二俱不起，無智
者謂證涅槃。小乘亦有橫計四禪爲四果，大乘亦有魔來與記，並是
未得謂得，增上慢人。故次見說慢。」〔註37〕

若能認識上述各種邪見爲非，並止息其妄執及貪瞋心，則能降伏「五利使」
與「五鈍使」這兩類煩惱。①對無眞實智慧者來說，就認爲此時已證得涅槃。
②在小乘修行者中，有的把尙在色界的四禪境界妄執爲已超出三界的第四阿
羅漢異果；③在大乘修行者中，亦有魔對其授記已證無上菩提，④此皆未證
言證、未得言得，起高傲憍慢心的「增上慢」人。因此，論畢諸見境，而進
一步對增上慢境加以分析。《天台四教儀》：「吾人觀諸見境脫離邪見時，會妄
想自己已證悟最高窮極的定境，即易生起憍慢，而廢棄精進致使退道。故應
謹愼爲要。」

9.二乘境：

《摩訶止觀》：見慢既靜，先世小習因靜而生，身子捨眼即其事也。
《大品》云：「恆沙菩薩發大心，若一若二入菩薩位，多墮二乘。」
故次慢說二乘。〔註38〕

當諸見境和增上慢境捐除殆盡，心境益加澄淨，過去世所修習的道業，往往
於靜心中自顯，此時須提防耽溺於空寂之境。此如舍利弗在過去世不願施捨
己眼，而退墮菩薩道，迴向小乘，即說明這一道理。《大品般若經》所言：「有
恆河沙數的菩薩發大心，但眞正入菩薩果位的不過百人中之一、二，其餘多
墮入聲聞、緣覺二乘。」所以，緊接著增上慢境，而論說這二乘境。《天台四
教儀》：「棄除慢心後，過去所習，能於靜中顯現，但容易耽溺於空寂，而喪
失進趨大乘的機緣。故應時觀不墮二乘，努力向上爲旨趣。」

10.菩薩境：

《摩訶止觀》：若憶本願，故不墮空者，諸方便道菩薩境界即起也。
《大品》云：有菩薩不久行六波羅蜜，若聞深法，即起誹謗，墮泥
犁中。此是六度菩薩耳。通教方便位亦有謗義，入眞道不謗也。別

〔註37〕〔隋〕智顗說，灌頂記：《摩訶止觀》卷5，《大正藏》冊46，頁49中。
〔註38〕〔隋〕智顗說，灌頂記：《摩訶止觀》卷5，《大正藏》冊46，頁49中。

教初心知有深法，是則不謗。此等悉是諸權善根，故次二乘後說。
〔註39〕

若能憶念菩薩的初發菩提心的本願，而不墮落於頑空的境界者，即呈現出藏、通、別教等權教的境界。《大品般若經》有言：有一種行菩薩道者，不願久行六度菩薩行，若聽聞甚深的般若法，即起誹謗，此種人將累世墮落於地獄之中。此指藏教的六度菩薩。而在通教的方便位上，亦有誹謗之舉，直到悟入了眞道時，才不會再誹謗。至於別教菩薩，則要到達十住的初發心住時，才知有深法，而不加以誹謗。上述皆指各類權教菩薩的善根，因此在順序上，要討論完二乘境之後才予以析論。《天台四教儀》：「息止見慢後，呈現藏教等菩薩境，尚須善觀察心境，修持圓頓止觀方不會墮滯此境。」

　　如上所述，針對不同的病症（所觀境）施與不同的藥（能觀法）加以診治，其中的十乘觀法貫串《摩訶止觀》全書旨要，全書共十卷，而十乘觀法的論述佔了相當大的篇幅，因此「十乘觀法」爲智者大師《摩訶止觀》之核心要義，殆無疑義。誠如慧嶽法師所言：「智者大師之實踐門的巨著——《摩訶止觀》的思想，是以十乘觀法爲中心，這種思想，係由《金光明經》、《大智度論》等大小乘經論中所採取而來的綜合觀法，旨在俾行者們的心念中，能觀實相，而體證三諦圓融的原理，故凡是能依此法而實踐行持，可以說是捷徑中之捷徑，邁進寶所的觀法。」〔註40〕

　　上述十境會有互發的情形產生，如《摩訶止觀》所言：

　　　　又，若不解諸境互發，大起疑網；如在岐道，不知所從。先若聞之，
　　　　恣其變怪，心安若空。互發有十，謂：次第、不次第，雜、不雜，
　　　　具、不具，作意、不作意，成、不成，益、不益，久、不久，難、
　　　　不難，更、不更，三障、四魔，九雙、七隻。〔註41〕

上舉十境互發的情況，爲十種組合，各有正反，於是共計二十種情況。「在禪定時即容易發生的十種正、反不同之境界；此正、反十境不是絕對二分，亦是漸次的；而且，此十境正、反之漸次又是互發。所以『諸境互發』之禪境是極端複雜的。」〔註42〕《摩訶止觀》解釋道：次第者，有三義，謂：法、

〔註39〕〔隋〕智顗說，灌頂記：《摩訶止觀》卷5，《大正藏》冊46，頁49中～下。
〔註40〕慧嶽法師：《天台教學史》（臺北：彌勒出版社，1983年3月），頁139～147。
〔註41〕〔隋〕智顗說，灌頂記：《摩訶止觀》卷5，《大正藏》冊46，頁49下。
〔註42〕參見李志夫編著：《摩訶止觀之研究》（臺北：法鼓文化事業公司，2007年），冊上，頁448。

修、發。法者，次第淺、深法也；修者，先世已曾研習次第，或此世次第修也；發者，依次修而次發也。不次亦三義，謂：法、修、發。發則不定，或前發菩薩境，後發陰入。雖不次第，十數宛足。修者：若四大違返，則先修病患；若四分增多，則先修煩惱。如是，一一隨強者先修。法者：眼、耳、鼻、舌，陰、入、界等，皆是寂靜門，亦是法界，何須捨此就彼？出《寶篋經》云云。當知法界外，更無復有法而爲次第也。煩惱即法界：如《無行經》云：「貪欲即是道」。《淨名》云：「行於非道，通達佛道」。佛道既通，無復次第也。病患是法界者：《淨名》云：「今我病者，非眞、非有；眾生病，亦非眞、非有。」以此自調，亦度眾生。方丈託疾，雙林病行，即其義也。業相爲法界者：業是行陰。《法華》云：「深達罪福相，遍照於十方。微妙淨法身，具相三十二。」達業從緣生，不自在故空，此業能破業。若眾生應以此業得度，示現諸業，以此業立業。業與不業，縛、脫回得。普門示現，雙照縛、脫，故名「深達」，何啻堪爲方等師耶〔註43〕？以上，筆者僅引《摩訶止觀》，以經解經，由於篇幅冗長，僅僅解釋十境互發中的第一種組合：次第、不次第，其餘九種，請逕參考《摩訶止觀》釋文。《天台四教儀》：「上述十境，只觀一陰境即能逐現其他九境，即一念能相扶相成而生起，而聚成十境。後九境是互發不定的，如生起時，須以十乘觀法修持，使其境不生。禪定中，此十境非整然有順序的出現，但對於每一境內容的說明，於下根行者的宿昔機緣不定，於對治上是必要的。」〔註44〕

以下標舉觀法與卦對應的方式，逐卦說明智旭運用「十乘觀法」對《周易》進行比附與會通的內容。

〔註43〕〔隋〕智顗說，灌頂記：《摩訶止觀》卷5，《大正藏》冊46，頁49下。
〔註44〕《摩訶止觀》論十境互發，第一境是順次生，第二境以下的九境，是前後交互或單或複的互發。《摩訶止觀》舉出十種互發之情況如下：1.次第、不次第：有些順序生，有些不順序生起。2.雜、不雜：只發一境即謝爲不雜，一境後復發他境爲雜。3.具、不具：十境全部生爲具，不足十境生爲不具。4.作意、不作意：有故意作特定境起作意，有些境相是自然生起名不作意。5.成、不成：有觀一境即成，而次觀他境亦爲成，有轉換觀諸境皆不成。6.益、不益：對境修持止觀利益之分別。7.難發、不難發：指善惡法之難易。8.久、不久：持續性之長短。9.更、不更：對境沒有間隔的轉換，是爲更；有持續性爲不更。10.三障、四魔：對境的種類、性格，將十境區分爲：業障、報障、煩惱障等三障；及陰魔、煩惱魔、死魔、天子魔四種。參見釋永本釋譯：《天台四教儀》，頁278～279。

一、觀不思議境

在《周易禪解》中，有關「觀不思議境」的論述，共有三處：（一）智旭解《乾》卦卦辭與爻辭者之《乾文言》；（二）智旭解《屯》卦大象辭；（三）《隨》卦。

（一）以「觀不思議境」會通《乾》卦《乾》卦卦辭與爻辭者之《乾文言》：

如《乾文言》九四曰：「或躍在淵，無咎。何謂也？子曰：上下無常，非為邪也。進退無恒，非離群也。君子進德修業，欲及時也。故無咎。」智旭對此詮釋言：

> 此正闡明舜禹避位，仍即登位之心事也。若約佛法者，直觀不思議
> 境為上，用餘九法助成為下。心心欲趨薩婆若海為進，深觀六即不
> 起上慢為退。欲及時者，欲于此生了辦大事也。此身不向今生度，
> 更向何生度此身？設不證入圓住正位，不名度二死海。〔註45〕

智旭援引史事易來解釋《乾文言》九四爻辭，藉「舜禹避位，仍即登位」之史事，來說明乾卦九四爻在晉登九五帝位之前，以社稷為重而登位；另以佛法來詮釋《乾文言》九四爻，在佛法的實踐上，以直觀吾人的第六意識識陰現前一念心即空即假即中之不思議境為津要，再以天台圓教十乘觀法的第二到第九觀法為輔助，心心念念以趨入薩婆若（梵文為 sarvajñaḥ），薩婆若意即一切智，意即諸佛究竟圓滿果位的大智慧，以薩婆若海為進，在深觀六即之後知未達究竟而不起增上慢為退，若不能修證到圓住正位〔註46〕，則猶載浮載沉於分段生死和變易生死之中。〔註47〕

〔註45〕 參見智旭：《周易禪解》卷1，《嘉興藏》冊20，頁399上。

〔註46〕《摩訶止觀》卷1：「云何入圓位？入初住時，一住一切住，一切究竟、一切清淨、一切自在，是名圓位。」參見〔隋〕智顗說，灌頂記：《摩訶止觀》卷1，《大正藏》冊46，頁2上。

〔註47〕 分段生死和變易生死：「一切眾生，在三界六道中，由於善惡業所感，其壽命皆有分限，其身形皆有段別，故其生死，名分段生死；三乘聖者，已斷見思惑，了分段生死，但因修道的結果，迷想漸滅，證悟漸增，此迷悟的遷移，每一期皆不同，其中由前期移入後期，恰如一度生死，其變化神妙莫測，不可思議，故名變易生死，或不思議變易生死。」參見陳義孝編，竺摩法師鑑定：《佛學常見辭彙》，頁11。

何謂「觀不思議境」？在十乘觀法之中，當吾人進行觀不思議境的觀修之際，以觀十境中的第一境——觀陰入界境爲例，可分成坐中修（端坐觀陰入界境）及坐禪中（歷緣對境陰入界）兩種修法，茲將「坐中修」、「坐禪中修」對「陰入界境」作「觀不思議境」的觀法內容，分述如下：

《摩訶止觀》論及以坐中修的方式，以十乘觀法的第一觀——「觀不可思議境」，端坐以觀「陰入界境」爲所觀境，其內容爲：

> 若解一心一切心，一切心一心，非一非一切；一陰一切陰，一切陰
> 一陰，非一非一切；一入一切入，一切入一入，非一非一切；一界
> 一切界，一切界一界，非一非一切；一眾生一切眾生，一切眾生一
> 眾生，非一非一切；一國土一切國土，一切國土一國土，非一非一
> 切；一相一切相，一切相一相，非一非一切；乃至一究竟一切究竟，
> 一切究竟一究竟；非一非一切，遍歷一切皆是不可思議境。若法性
> 無明合，有一切法，陰界入等，即是俗諦；一切界入是一法界，即
> 是眞諦；非一非一切，即是中道第一義諦，如是遍歷一切法，無非
> 不思議三諦。〔註48〕

上句揭示若法性與無明相合之際，則有一切法產生，如五陰、十八界、十二入等，即是俗諦；而一切界入是一法界，體悟此一法界爲空性，即是眞諦；非一非一切，不落空有等二元對力的概念，即是中道第一義諦。若能如是以不思議心觀察遍歷一切法，則知一切法無非爲空、假、中之不思議三諦。

而以坐禪中，歷緣對境陰入界來「觀不可思議境」的內容則爲：

> 緣謂六作；境謂六塵。若舉足下足，足是色法；色由心運，從此至
> 彼，此心依色，即是「色陰」；領受此行，即「受陰」；於行計我，
> 即「想陰」；或善行、惡行，即「行陰」；行中之心，即「識陰」；行
> 塵對意，則有界、入；乃至眼色、意法，亦如是。是陰界入於舉、
> 下間，悉皆具足。如此陰入，即是無明與行緣合，生行中陰、界、
> 入。陰、界、入不異無明，無明即是法性，法性即是法界；一切法
> 趣行中，是趣不過，一陰、界、入一切陰、界、入，一、多，不一、
> 不多，不相妨礙，是名「行中不思議境」。〔註49〕

〔註48〕〔隋〕智顗說，灌頂記：《摩訶止觀》卷5，《大正藏》冊46，頁55上～中。
〔註49〕〔隋〕智顗說，灌頂記：《摩訶止觀》卷7，《大正藏》冊46，頁100中～下。

上言解析六根、六塵、六識之理，由於行塵對應到意，因此有了界、入；乃至眼色、意法等等，皆是如此。陰界入於吾人之上舉、下放間的動作，實已悉皆具足陰界入。當陰入時，即是因無明與行緣和合而生起行中的陰、界、入。陰、界、入即是無明，此處強調「無明即是法性，法性即是法界」之行中不思議境。

　　除了上述智旭以觀不思議境會通《乾》卦卦辭與爻辭者之《乾文言》外，亦見於九三爻辭，如《周易禪解》所言：

> 九三：重剛而不中。上不在天。下不在田。故乾乾因其時而惕。雖危無咎矣。

> 重剛者，自強不息，有進而無退也。不中者，不著中道而匆匆取證也。上不在天者，未登十地，入佛知見也。下不在田者，已超十住。開佛知見，因時而惕，正是不思議十行法門。遍入法界，而能行于非道，通達佛道，故「雖危無咎」。〔註50〕

九三上下皆為剛爻，又未居中位（二、五爻），往上沒有達到天位，向下又已離開了地位，所以要勤奮不休，按所處的時勢來警惕自己，這樣即使有危險也不會有災難。

（二）以「觀不思議境」會通《屯》卦大象辭

> 屯。元亨利貞。勿用有攸往。利建侯。

> 乾坤全體太極，則屯亦全體太極也。而或謂乾坤二卦大，餘卦小，不亦惑乎！……蓋乾坤二卦，表妙明明妙之性覺。性覺必明。妄為明覺，所謂真如不守自性。無明初動，動則必至因明立所而生妄能。成異立同，紛然難起，故名為屯。然不因妄動，何有修德？故曰：無明動而種智生，妄想興而涅槃現。此所以元亨而利貞也。但一念初生，既為流轉根本，故「勿用有所往」。有所往，則是順無明而背法性矣！惟利即于此處用智慧深觀察之，名為建侯。若以智慧觀察，則知念無生相，而當下得太平矣！觀心妙訣孰過于此。〔註51〕

上語精要處在於，吾人的念頭初起即是生命流轉的根本，在紛亂之際不宜執取境界，否則動輒得咎，若順無明而背法性則無法體悟此不思議心。換言之，

〔註50〕智旭：《周易禪解》卷1，《嘉興藏》冊20，頁399上。

〔註51〕智旭：《周易禪解》卷2，《嘉興藏》冊20，頁403下。

若能如實了悟吾人此初萌乍起的一念本是空無自性，深明此一念妄動，既是流轉初門，又即還滅關竅之所在，猶如《屯》卦《象》辭所說的雷雨滿盈天造草昧之象。此時宜急以妙觀察智重重推簡此念本無生，而不至於落在滅相無明的窠臼之中。打坐參禪修定之人，往往見雜念暫時不起，便妄認自己的修行功夫已得力，尚不知滅乃生之窟宅。因此絕不可死守此境界，尚須以四念推簡推破之。〔註52〕觀心妙訣實盡萃於斯。

其次，《屯》卦大象辭有言：「象雲雷屯。君子以經綸。」智旭於《周易禪解》，對此詮釋道：

> 在器界，則有雲雷以生草木。在君子，則有經綸以自新新民。約新民論經綸，古人言之詳矣。約自新論經綸者：豎觀此心不在過現未來，出入無時，名爲經；橫觀此心不在內外中間，莫知其鄉，名爲綸也。佛法釋者：迷于妙明明妙眞性，一念無明動相即爲雷，所現晦昧境界之相即爲雲；從此便有三種相續，名之爲屯。然善修圓頓止觀者，只須就路還家。當知一念動相即了因智慧性，其境界相即緣因福德性。于此緣了二因，豎論三止三觀名經，橫論十界百界千如名綸也。此是第一觀不思議境。〔註53〕

智旭藉經綸〔註54〕之意，引《書‧康誥》：「亦惟助王宅天命，作新民。」說明新民具有「使民更新」及「教民向善」之意。此就自然意象解釋雲雷以生草木的利他而言，若約自我心靈境界的提升（自新）來論經綸的話，則豎觀此心於時間的縱軸上，無法被侷限在過去、現在、未來，念念無住、出入無時，因此名之爲經；而在橫軸的空間上，觀照此心不在內、外、中間，神出鬼沒、莫知其鄉，遂名之爲綸。智旭進一步闡明，當吾人對於妙明明妙眞性（法性）有所迷昧的話，現前一念趨向無明，此際的無明發動所現之相即爲雷，而因無明所現晦昧境界之相即爲雲；從此便有了《楞嚴經》上所說的世界相續、業果相續、眾生相續的三種相續，而名之爲屯。然而善於修持實踐

〔註52〕智旭：《周易禪解》卷2，《嘉興藏》冊20，頁404上。

〔註53〕《周易禪解》卷1，《嘉興藏》冊20，頁404上。

〔註54〕經綸的主要意思爲，整理絲縷、理出絲緒和編絲成繩，統稱經綸。引申爲籌劃治理國家大事。《易‧屯》：「雲雷屯，君子以經綸。」孔穎達疏：「經謂經緯，綸謂綱綸，言君子法此屯象有爲之時，以經綸天下，約束於物。」《禮記‧中庸》：「唯天下至誠，爲能經綸天下之大經，立天下之大本，知天地之化育。」參見參見羅竹風主編：《漢語大詞典》，冊9，頁859。

圓頓止觀者，只須就路還家。當知一切法皆是佛法，縱使吾人的一念無明產生，但若能觀照無明無住之理，而生起對法性有了正確認知的智慧，則此無明動相即成了智顗所說的三因佛性中的「了因佛性」，它具有智慧的特性；因無明而產生的雲之境界相，適足以興雲佈雨廣澤潤群黎草木而積累福德資糧，成就三因佛性中的「緣因佛性」〔註55〕，助以圓成佛道。就緣因、了因來論實踐方法，則在時間的縱軸上豎論三止三觀名經〔註56〕，而在橫軸的空間來論十界百界千如之一念三千，則名之為緯。上述所論即是十乘觀法中的第一種觀法──「觀不思議境」之內涵。

（三）以觀不思議境會通《隨》卦

《周易禪解》：

> 約世道，則上下相悅，必相隨順。約佛化，則人天胥悅，受化者多。
> 約觀心，則既得法喜，便能隨順諸法實相。皆元亨之道也。然必利
> 于貞，乃得無咎。不然，將為蠱矣。……故為天下隨時。猶儒者所

〔註55〕「當眾生生起智慧去如理觀照所觀境時，則能顯了佛性的存在，因此，智慧便被稱之為了因佛性。功德善根則為緣因佛性，它不但可以來資助覺悟的智慧，更可藉以開顯佛性。」參見本論文第五章第一節智顗對於三因佛性之論述。

〔註56〕天台宗所立的三止三觀，通常是三止與三觀並舉對說。三止：①體真止，覺悟到一切的事物都由因緣和合而成，其本性為空，因而止息一切妄想。這是把握作為普遍之理的空諦的層面，其智慧的表現，是一切智。②方便隨緣止，或稱繫緣守境止。菩薩本著空理，進入緣起的現象世界，觀察其中種種差別相，善用方便，以教化利益眾生。這是把握具體之理的俗諦層面，其智慧的表現，是道種智。③息二邊分別止，又稱制心止、離兩邊分別止。前二種止，都不免有所偏，一偏於真，一偏于俗；這種止的境界，則遠離真俗二邊的偏，同時又能綜合這二邊。這是同時把握具體之理與普遍之理的中諦層面，其智慧的表現，是一切種智。智顗《修習止觀坐禪法要》：「能了知一切諸法皆由心生，因緣虛假不實故空，以知空故，即不得一切諸法名字相，則體真止也。爾時上不見佛果可求，下不見眾生可度，是名從假入空觀，亦名二諦觀，亦名慧眼，亦名一切智。……若菩薩為一切眾生，成就一切佛法，不應取著無為，而自寂滅。爾時應從空入假觀，則當諦觀心性雖空，緣對之時，亦能生出一切諸法，猶如幻化，雖無定實，亦有見聞覺知等相，差別不同。……若能成就無礙辯才，則能利益六道眾生，是名方便隨緣止。乃是從空入假觀，亦名平等觀，亦名法眼，亦名道種智。……若菩薩欲於一念中具足一切佛法，應修息二邊分別止，行於中道正觀。……心性非空非假，而不壞空假之法。若能如是照了，則於心性，通達中道，圓照二諦。」參見吳汝鈞：《佛教大辭典》（北京：商務印書館，1995年），頁64。

謂時習時中，亦佛法中所謂時節若到，其理自彰。機感相合，名爲
一時。故隨時之義稱大。〔註57〕

智旭解《隨》卦象辭時言：「震爲剛，兌爲柔。今震反居兌下，故名剛來下柔
也。內動外悅，與時偕行，故爲天下隨時。」以此推論儒者所謂的時習時中，
與佛法的開悟所講究的時節因緣相近，倘若在領略法喜之餘，能夠隨順諸法
實相，那麼時節因緣一到，則其理自彰。可見《隨》卦相當重視吾人的觀心
活動等，須隨著時節因緣的變化而調整。

二、眞正發菩提心

在十乘觀法之中，當吾人進行「起慈悲心」（「發菩提心」）的觀修之際，
以觀十境中的第一境──觀陰入界境爲例，亦可分成坐中修（端坐觀陰入界
境）及坐禪中（歷緣對境陰入界）兩種修法，茲將「坐中修」、「坐禪中修」
對「陰入界境」作「起慈悲心」（「發菩提心」）的觀法內容，分述如下：

《摩訶止觀》論及以坐中修的方式，端坐觀陰入界境，來作「起慈悲心」
（「發菩提心」）的觀法內容爲：

思惟彼我，鯁痛自他，即起大悲；興兩誓願，眾生無邊誓願度，煩
惱無數誓願斷。眾生雖如虛空，誓度如空之眾生；雖知煩惱無所有，
誓斷無所有之煩惱；雖知眾生數甚多，而度甚多之眾生；雖知煩惱
無邊底，而斷無底之煩惱；雖知眾生如如佛如，而度如佛如之眾生；
雖知煩惱如實相，而斷如實相之煩惱。……如此慈悲誓願與不可思
議境智，非前非後，同時俱起，慈悲即智慧，智慧即慈悲，無緣無
念，普覆一切，任運拔苦，自然與樂，不同毒害，不同但空，不同
愛見。〔註58〕

佛法有言：「無緣大慈，同體大悲。」《華嚴經》亦云：「心、佛、眾生，三無
差別。」吾人的心實爲向上提升以成佛或向下沉淪墮眾生的樞紐，職是之故，
心、佛、眾生本是一體，無有差別；何況諸佛爲一大事因緣而宣說的諸法實
相彰顯了吾人的心具不思議境界。如此說來，慈悲的目的僅在拔苦與樂而無
所求，不分彼此，任運拔苦，自然與樂。當究極慈悲誓願的深義，觀境所生

〔註57〕　《象》曰：隨。剛來而下柔。動而說，隨。大亨貞無咎。而天下隨時。隨時
　　　　　之義大矣哉。參見智旭：《周易禪解》卷3，《嘉興藏》冊20，頁416下。
〔註58〕　〔隋〕智顗說，灌頂記：《摩訶止觀》卷5，《大正藏》冊46，頁56上。

之甚深智慧便同時俱起；意即同時體悟吾人的心具不思議境界之眞旨。如上析論得知：慈悲誓願與不可思議境智，兩者在時間上是非前、非後，而是同時俱起；換言之，慈悲即智慧，智慧即慈悲，兩者同爲無緣、無念，而普覆一切。

而以坐禪中，歷緣對陰入界境來觀「起慈悲心」（「發菩提心」）的內容則爲：

> 達此境時，與慈悲俱起。傷己昏沈，無量劫來，常爲陰入迷惑欺誑，
> 今始覺知一切眾生悉是一乘。昏醉倒解，甚可憐愍；誓破無明，作
> 眾依止！〔註59〕

上句重申「一切眾生悉是一乘」之旨，藉以強化發菩提心的理由，從而歷緣對陰入界境來觀「起慈悲心」，而了悟吾人的心本不思議。

（一）以「眞正發菩提心」會通《蒙》卦

《周易禪解》有言：

> 象山下出泉，蒙。君子以果行育德。
>
> 溪澗不能留，故爲果行之象。盈科而後進，故爲育德之象。自既果
> 行育德，便可爲師作範矣。
>
> 佛法釋者：此依不思議境而發眞正菩提心也。菩提之心不可沮壞，
> 如泉之必行。四弘廣被，如泉之潤物。〔註60〕

以「眞正發菩提心」會通《蒙》卦的先決條件在於，必須依不思議境而發眞正菩提心，換言之，藉由發眞正菩提心來觀境，以了悟吾人本具不思議智。進一步而論，若已如實了悟吾人本具不思議智，則必然同時湧現菩提心以拔苦與樂，無怨無悔，亦無所求。此時眞正菩提之心必然不會沮壞，而且有如源頭活泉般行之甚遠，以「眾生無邊誓願度，煩惱無盡誓願斷，法門無量誓願學，佛道無上誓願成」之四弘誓願廣被眾生，一如泉水潤物，一無所求，一派天眞，純任自然。

（二）以「眞正發菩提心」會通《乾》卦

《周易禪解》有言：

> 時乘六龍，以御天也。雲行雨施，天下平也。

〔註59〕〔隋〕智顗說，灌頂記：《摩訶止觀》卷7，《大正藏》冊46，頁100下。
〔註60〕智旭：《周易禪解》卷2，《嘉興藏》冊20，頁405中。

上明乾德體必具用，此明聖人因用以得體也。佛法釋者：此章中明性必具修，修全在性也。佛性常住之理名爲乾元。無一法不從此法界而始，無一法不由此法界而建立生長，亦無有一法而不即以此法界爲其性情。所以佛性常住之理，遍能出生成就百界千如之法；而實無能生所生，能利所利。以要言之，即不變而隨緣，即隨緣而不變。豎窮橫遍，絕待難思，但可強名之曰：「大」耳！……所以只此佛性乾體，法爾具足六爻始終修證之相，以旁通乎十界迷悟之情，此所謂性必具修也。聖人乘此即而常六之龍，以御合于六而常即之天。自既以修合性，遂能稱性起于身雲、施于法雨，悉使一切眾生同成正覺而天下平。此所謂全修在性也。〔註61〕

上述「悉使一切眾生同成正覺而天下平」一語，乃眞正發菩提心的精神體現。梵語菩提，華言道或覺，就能覺法性的智慧而言，菩提亦即煩惱漏盡之人的智慧，亦即諸佛所得清淨究竟之理；因爲菩提本身無滅無生，不變不遷，因此爲常住果。換言之，所謂的菩提心乃求取正覺成佛的心。上言揭示佛性乃常住不滅之乾體、常住之理名爲乾元，法爾本來具足六爻始終修證之相，用以旁通乎十界迷悟之情，此即所謂「性必具修，修全在性」之理。智旭分析道：佛性常住之理→遍能出生成就百界千如之法→無一法不從此法界而始→無一法不由此法界而建立生長→實無能生所生，能利所利。此即究竟覺悟的聖者所體悟的智慧結晶。由乾卦的智慧啓示，便能生起大慈大悲，同時具足無上智慧。

（三）以「真正發菩提心」會通《比》卦

《周易禪解》有言：

> 六四。外比之。貞吉。
>
> 柔而得正，近于聖君，吉之道也。但非其應，故名外比，誡之以貞。
>
> 佛法釋者：色界具諸禪定，但須發菩提心，外修一切差別智門。又別教爲界外拙度，宜以圓融正觀接之。
>
> 《象》曰：外比于賢。以從上也。
>
> 九五既有賢德，又居君位。四外比之，理所當然，亦分所當然矣。〔註62〕

〔註61〕 智旭：《周易禪解》卷1，《嘉興藏》冊20，頁400上。

〔註62〕 智旭：《周易禪解》卷2，《嘉興藏》冊20，頁409中。

據智旭之意，色界眾生雖然具諸禪定的功力，但仍須眞正發菩提心，外修一切差別智法門；又，別教僅爲界外拙度，因此適宜以圓融正觀來接引入不思議境智。

（四）以「真正發菩提心」會通《復》卦

《周易禪解》有言：

> 復，亨。出入無疾。朋來無咎。反復其道。七日來復。利有攸往。
>
> ……約觀心又二義：一者承上卦約失言之，剝而必復。如平旦之氣，好惡與人相近。又如調達得無根信也。二者承上卦約得言之。剝是蕩一切情執，復是立一切法體也。若次第三觀，則從假入空名剝，從空入假名復。若一心三觀，則以修胘性名剝。稱性垂化名復。復則必亨。陽剛之德爲主，故出入可以無疾。以善化惡，故朋來可以無咎。一復便當使之永復，故反復其道，至于七日之久。則有始有終，可以自利利他而有攸往也。〔註63〕

依卦序，復卦緊接剝卦而來；剝是蕩盡一切情執，復則是建立一切法體也。若以次第修三觀而言，則從假入空名剝，從空入假名復；又，若能以一心作三觀，透過修行以胘合本性名之爲剝，稱性垂化則名之爲復。一旦回復如如的本具具足之法性則必然亨通，而能利益無量眾生。

《周易禪解》又言：

> 《象》曰：復，亨。剛反。動而以順行。是以出入無疾，朋來無咎。反復其道，七日來復。天行也。利有攸往。剛長也。復，其見天地之心乎？
>
> 觀心釋者，佛性名爲天地之心，雖闡提終不能斷，但被惡所覆而不能自見耳。苦海無邊，回頭是岸。一念菩提心，能動無邊生死大海。復之所以得亨者，以剛德稱性而發，遂有逆反生死之勢故也。此菩提心一動，則是順修。依此行去，則出入皆無疾，朋來皆無咎矣。然必反復其道七日來復者，體天行之健而爲自強不息之功當如是也。充此一念菩提之心，則便利有攸往。以剛雖至微，而增長之勢已自不可禦也。故從此可以見吾本具之佛性矣。又出謂從空出假，入謂從假入空。既順中道法性，則不住生死，不住涅槃，而能遊戲于生死涅槃。故無疾也。朋謂九界性相。開九界之性相，咸成佛界

〔註63〕智旭：《周易禪解》卷4，《嘉興藏》冊20，頁421下。

性相。故無咎也。

《象》曰：雷在地中，復。先王以至日閉關。商旅不行。后不省方。

楊慈湖曰：舜禹十有一月朔巡狩，但于冬至日則不行耳。觀心釋者，復雖有剛長之勢，而利有攸往。然必靜以養其機，故觀行即佛之先王。既大悟藏性之至日，必關閉六根，脫粘內伏，暫止六度萬行商旅之事。但觀現前一念之心，而未可遍歷陰界入等諸境以省觀也。〔註64〕

上言佛性乃天地之心，雖惡性滿貫的闡提終不能斷其本具之佛性，只是被惡業所覆蔽而不能自見罷了。吾人若能一念生起菩提心，則能撼動無邊生死大海。只要一念菩提之心生起，則無往不利，甚至從此可以見吾本具之佛性；從空出假，從假入空，順中道法性，而不住生死、不住涅槃，如此則能遊戲於生死、涅槃之中，開顯九界之性相，盡皆成佛界之性相。

（五）以「真正發菩提心」會通《說卦傳·震卦》

陰陽相薄，即表魔佛攸分。萬物所歸，正是勞賞有功之意。自既成終，則能成物之始，自覺覺他之謂也。約觀心者，一念發心爲帝，一切諸心心所隨之。乃至三千性相，百界千如，無不隨現前一念之心而出入也。〔註65〕

《說卦傳》釋《震卦》言，《震卦》具有生化萬物的能力，同時也令萬物有所歸，此與自覺覺他之意旨相近。若吾人一念發心成佛，則一切諸心、心所必然隨之體證諸法實相；乃至三千性相，百界千如，亦無不隨現前一念之心而出入十法界。

三、以「善巧安心止觀」會通《需》卦

在十乘觀法之中，當吾人進行「善巧安心止觀」的觀修之際，以觀十境中的第一境——觀陰入界境爲例，亦可分成坐中修（端坐觀陰入界境）及坐禪中（歷緣對境陰入界）兩種修法，茲將「坐中修」、「坐禪中修」對「陰入界境」作「善巧安心止觀」的觀法內容，分述如下：

《摩訶止觀》論及以坐中修的方式，端坐觀陰入界境，來作「善巧安心

〔註64〕智旭：《周易禪解》卷4，《嘉興藏》冊20，頁422上。
〔註65〕智旭：《周易禪解》卷9，《嘉興藏》冊20，頁463下。

止觀」的觀法內容爲：

> 教他，眾生心行不定，或須臾而鈍，須臾而利，任運自爾，非關根
> 轉，亦不數習；或作觀不徹，因聽即悟；或久聽不解，暫思即決。
> 是故更論轉根安心，若法行轉爲信行，逐其根轉，用八番悉檀，而
> 授安心；若信行轉成法行，亦逐根轉，用八番悉檀，而授安心。……
> 自行安心者，當觀察此心，欲何所樂？若欲息妄，令念想寂然，是
> 樂法行，若樂聽聞，徹無明底，是樂信行。〔註66〕

當吾人修觀時，一時之間無法修證不思議境界，則可退而修「發眞正菩提心」，
若無法修「發眞正菩提心」而證不思議境界，則須再退至修「善巧安心止觀」，
以證不思議境界。在教導引領眾生自證佛性之不思議境時，由於眾生的心行
不定，有的根性鈍拙，有的根性猛利，因此與根性的轉變或修習的多寡無關。
譬如說，有的作觀不徹底，但一聽即悟；有得久久聽聞卻不得解悟，但只要
暫歇片刻思考即能決疑。因此必須憑藉轉根來安心，如果能夠將法行轉爲信
行，逐漸使其根性轉變，則用八番悉檀，使之安心；當信行轉成法行時，亦
須逐根轉變，一樣使用八番悉檀，而使其安心。若吾人自行安心的話，則當
仔細觀察此心，有什麼樂值得去追求？若想息滅妄想執著，使每個念頭寂靜，
此便是樂法行；若樂意聽聞佛法，洞徹無明的底蘊，此即是樂信行。

　　而以坐禪中，歷緣對境陰入界來進行「善巧安心止觀」的內容則爲：「安
心定慧，而寂照之。」〔註67〕

　　《周易禪解》：

> 《需》卦《象》辭曰：雲上於天，需。君子以飲食宴樂。
>
> 果行育德之後，更無餘事。但飲食宴樂，任夫雲行雨施而已。
>
> 佛法釋者：助道行行爲飲，正道慧行爲食。以稱性所起緣了二因莊
> 嚴一性，如雲上于天之象。全性起修，全修在性，不藉劬勞肯綮修
> 證，故名宴樂。此是善巧安心止觀。止觀不二，如飲食調適。〔註68〕

智旭解《需》卦的《象》時說：「果行育德之後，更無餘事。但飲食宴樂，任
夫雲行雨施而已。」《需》卦，上坎、下乾，需、須立也，遇雨不進，止而少

〔註66〕 參見〔隋〕智顗說，灌頂記：《摩訶止觀》卷5，《大正藏》冊46，頁58中。

〔註67〕 參見〔隋〕智顗說，灌頂記：《摩訶止觀》卷7，《大正藏》冊46，頁100下。

〔註68〕 智旭：《周易禪解》卷2，《嘉興藏》冊20，頁406中。《需》卦的《象》時說：
　　　　「雲上於天，需。君子以飲食宴樂。」

須,即少待之意。〔註69〕又如《象》曰:「需,須也。險在前也。剛健而不陷。其義不困窮矣。」〔註70〕修習善巧安心止觀,正是使止觀調爲不二,有如調合飲食,以利吾人之養生般。

四、以「破法遍」會通《訟》卦

在十乘觀法之中,當吾人進行「破法遍」的觀修之際,以觀十境中的第一境——觀陰入界境爲例,亦可分成坐中修(端坐觀陰入界境)及坐禪中(歷緣對境陰入界)兩種修法,茲將「坐中修」、「坐禪中修」對「陰入界境」作十乘觀法第四觀「破法遍」的觀法內容,分述如下:

《摩訶止觀》論及以坐中修的方式,端坐觀陰入界境,來作「破法遍」的觀法內容爲:

> 總者,祇曰無明一念心,此心具三諦,體達一觀,此觀具三觀。……今聞一心因緣生法者,即懸超前來一切次第因緣生法,懸識不可思議因緣生法。……今聞一心即是空,懸超前來次第諸空,懸識不可思議畢竟妙空。……今聞一心即假,懸超前來次第之假,懸識雙照二諦之假。今聞非空非假者,懸超前來諸空皆非空諸假皆非假。……今聞非有非無,懸超前來諸非有非無,懸識中道不可思議非有非無。……若論道理祇在一心,即空、即假、即中,如一剎那而有三相,三相不同生、住、滅、異。一心三觀亦如是,生喻假有,滅喻空無,住喻非空非有,三諦不同而祇一念,如生、住、滅、異祇一剎那。〔註71〕

上言無明一念心具空、假、中三諦,雖此觀具空、假、中三觀,而實同一心體通達中觀。若論道理只在一心,即空、即假、即中,如一剎那而有空、假、

〔註69〕需字從雨、從而;而字,自甲骨文以至篆文都是須(鬚的本字)。「而」字僅象鬚的形狀,「須」字則象鬚在面旁(頁是面的本字)的樣子,而和須兩字同。後來「須」字借爲須待之義,須、需同音。因此釋需爲須是一種假借。《說文》說:需、須立也,遇雨不進,止而少須,即少待之意。《需卦·象傳》以「須」釋需,須是等待之義,《雜卦傳》釋爲「不進」,也是有所等待之義,從此以後孔穎達《正義》、程氏《易傳》及朱子《本義》均從其說。參見胡瀚平:《話解易經》,冊上,頁51。

〔註70〕智旭:《周易禪解》卷2,《嘉興藏》冊20,頁406上。

〔註71〕參見〔隋〕智顗說,灌頂記:《摩訶止觀》卷6,《大正藏》冊46,頁84下~85上。

中三相，空、假、中三相不同生、住、滅、異。一心三觀亦如是，生喻假有，滅喻空無，住喻非空非有，三諦不同而只在一念，如生、住、滅、異只一刹那。

而以坐禪中，歷緣對境陰入界來進行觀「破法遍」的內容則爲：「心既得安，遍破見思、無知、無明，三諦之障，橫豎皆盡。」〔註72〕

智旭《周易禪解》《訟》卦：

《象》曰：天與水違行，訟。君子以作事謀始。

天亦太極，水亦太極，性本無違。天一生水，亦未嘗違。而今隨虛妄相，則一上一下，其行相違。所謂意欲潔而偏染者也。只因介爾一念不能愼始，致使從性所起煩惱，其習漸強而違于性。故君子必愼其獨。謹于一事一念之始，而不使其滋延難治。夫是之謂善于自訟者也。

佛法釋者：是破法遍。謂四性簡責，知本無生。〔註73〕

《訟》卦上乾下坎，乾爲天，坎爲水。以自然意象而觀，天原本居於上方，而水則在下方，兩者背道而馳，以至於無法相互交流，致生爭訟。天與水皆爲大自然的現象之一，其根源皆不離道，以河圖天一生水，地六成之，一六共宗水之理而言，水來自於天，此與大自然意象亦相符。天水之所以成訟，實肇於吾人隨虛妄相而起妄念，使天水原本合於太極者，由此引申爲人事意象中的愼獨，透過四性（生、住、異、滅）推簡的功夫，了悟一切事物本無自性，皆爲依因待緣，自能遍破法礙，訟自平息。

五、識通塞

在十乘觀法之中，當吾人進行「識通塞」的觀修之際，以觀十境中的第一境——觀陰入界境爲例，亦可分成坐中修（端坐觀陰入界境）及坐禪中（歷緣對境陰入界）兩種修法，茲將「坐中修」、「坐禪中修」對「陰入界境」作十乘觀法第五觀「識通塞」的觀法內容，分述如下：

《摩訶止觀》論及以坐中修的方式，端坐觀陰入界境，來作「識通塞」的觀法內容爲：

若一心三觀法相，即破豎中之通塞；三觀一心，破橫中之通塞；空即三觀，故破步涉山壁，三百之通塞；假即三觀，破乘馬，四百之

〔註72〕參見〔隋〕智顗説，灌頂記：《摩訶止觀》卷7，《大正藏》冊46，頁100下。
〔註73〕智旭：《周易禪解》卷2，《嘉興藏》冊20，頁407上。

通塞：中即三觀，破神通之通塞。……若於一一法、一一能、一一

所，皆即空即假即中，具諦緣度，是名無通、無塞，雙照通塞。〔註74〕

上言破通塞，分縱橫而破，一心三觀破縱之通塞，三觀一心破橫之通塞。縱橫兩條路徑有何不同之處？一心三觀與三觀一心又有何差別？若以心向境觀空假中三諦，係以一心為不變的主軸，因此可說是「經」，亦即屬於縱向；另一橫向破通塞的路徑，係透過對諸法進行空假中三觀的觀照，來體悟到一念心的不思議境智，由於經由一色一香的觀照，得以了悟中道實相，因此可歸屬為「緯」，亦即屬於橫向；經緯分明，縱橫之塞盡破而通，無異於紡織機杼織就三千境智，一心中朗照三千，諸法實相通明現前。據上論，三觀的作用與效力如下：

空即三觀──故破步涉山壁，三百之通塞；

假即三觀──破乘馬，四百之通塞；

中即三觀──破神通之通塞。

三觀為相互依待的關係，三者無法分割。換言之，於空，已涵攝假、中；於假，已涵攝空、中；於中，已涵攝空、假。三者為相即的關係，一時之中，三觀並起。透過三觀，便能領悟無通、無塞，以及雙照通塞的真理境界。

而以坐禪中，歷緣對境陰入界來進行觀「識通塞」的內容則為：「善識通、塞，終不於中取藥成病。」〔註75〕

（一）以「識通塞」會通《師》卦

《周易禪解》：

《象》曰：地中有水，師。君子以容民畜眾。

地中有水，水載地也。君子之德猶如水，故能容陰民而畜坤眾。容民即所以畜眾，未有戕民以養兵者也。為君將者奈何弗深思哉？

佛法釋者：一切諸法中，悉有安樂性，亦悉具對治法。如地中有水之象。故君子了知八萬四千塵勞門，即是八萬四千法門。而不執一法，不廢一法也。此是善識通塞，如撫之則即民即兵，失之則為賊為寇。〔註76〕

〔註74〕〔隋〕智顗說，灌頂記：《摩訶止觀》卷7，《大正藏》冊46，頁87中。
〔註75〕參見〔隋〕智顗說，灌頂記：《摩訶止觀》卷7，《大正藏》冊46，頁100下。
〔註76〕智旭：《周易禪解》卷1，《嘉興藏》冊20，頁408上。

《師》卦大《象》辭，很明顯地是以自然意象來解釋卦象，《師》卦由上坤下坎所組合而成；坤為地，坎為水，所以說「地中有水」。水聚集在地下，正如兵藏民中，組織眾人即成軍隊。又，《老子》有言：「上善若水，水善利萬物而不爭，處眾人之所惡，故幾於道。」〔註77〕《師》卦的水被比喻成君子的德性，可使眾志成城；而自然之中，水為動植物及自然界的生存必備元素，缺乏水的潤澤，容民畜眾即成空談。水本身並沒有其固定的形體，遇圓器則成圓，遇方器則成方，因此被引申具有不執一法，不廢一法的德性，若能善加利用水能破閉塞的妙用，則因德水的沁潤而即民即兵，若不能善加利用水能破閉塞的妙用，即失去德水的陶鑄之功，民眾反淪為賊為寇亂世。

　　除了上述以「識通塞」會通《師》卦大《象》辭，另會通《師》卦上六爻：

> 上六。大君有命，開國承家，小人勿用。

> 方師之始，即以失律凶為誡矣。今師終定功，又誡小人勿用。夫小人必徼倖以取功者耳。蘇氏云：「聖人用師，其始不求苟勝，故其終可以正功。」

> 佛法釋者：正當用對治時，或順治，或逆治。于通起塞，即塞成通，事非一概。今對治功畢，入第一義悉檀，將欲開國承家。設大小兩乘教法以化眾生，止用善法，不用惡法。倘不簡邪存正，簡愛見而示三印一印，則佛法與外道幾無辨矣。〔註78〕

據上六爻辭所言，大君（天子）的天命為開國承家，而小人覬覦大君寶位、徼倖取功以圖謀私利，故勿用。上言以佛法釋上六爻辭，提到「對治悉檀」與「第一義悉檀」，所謂的「對治悉檀」意指對不同根契的眾生施與不同法門的教導，譬如：遇到嗜欲深者教他不淨觀，遇到瞋恚旺盛者教他慈心觀，遇到愚癡無智者教他因緣觀；換言之，以種種不同的法藥來對治除遣眾生的種種病，如上所言「于通起塞，即塞成通，事非一概」之理。當對治法門已起效用，緊接著施與「第一義悉檀」的教導，意即眾生的機緣既已成熟，則當為彼宣說諸法實相，使彼等能證悟真理。智旭針對上六爻辭的佛法釋強調：假使大、小兩乘教法度化眾生時，僅止於使用善法，而不用惡法。若不加以

〔註77〕陳鼓應註譯：《老子今註今譯及評介》（臺北：臺灣商務印書館，1991年），頁66。

〔註78〕智旭：《周易禪解》卷2，《嘉興藏》冊20，頁408中。

簡別邪正，僻邪存正，並且簡別愛見而示三法印、一法印，如此一來，佛法與外道又有什麼差別呢！

（二）以「識通塞」會通《乾》卦

> 此下六爻，皆但約修德，兼約通塞言之。佛法釋者：「成德爲行」，謂依本自天成之性德而起行也。既全以性德爲行，則狂心頓歇，歇即菩提，故爲「日可見之行」也。然猶云潛者，以其雖則開悟，習漏未除，故佛性猶爲虛妄煩惱所「隱而未現」。而正助二行，尚在觀行相似，未成般若解脫二德；是以君子必以修德成之，而弗專用此虛解也。〔註79〕

上約修德以論通塞，若依本自天成之性德而起行，則狂心頓歇，歇即菩提。以天台六即中的觀行即與相似即而言，尚未能成就般若德與解脫德，因此透過對治法門來提高對眞理的認知程度，並進一步體證。

（三）以「識通塞」會通《坎》卦

> 習坎，有孚。維心亨。行有尚。

> 約世道，則太平久而放逸生，放逸生而患難洊至。約佛法，則從化多而有漏起，有漏起而魔事必作。約觀心，則慧力勝而夙習動，夙習動而境發必強。皆習坎之象也。然世出世法，不患有重沓之險難，但患無出險之良圖。誠能如此卦之中實有孚，深信一切境界皆唯心所現，則亨而行有尚矣。又何險之不可濟哉？

> 《象》曰：習坎，重險也。水流而不盈。行險而不失其信。維心亨，乃以剛中也。行有尚，往有功也。天險不可升也。地險山川丘陵也。王公設險以守其國。險之時用大矣哉。

> 善觀心者，每即塞以成通。夫習坎雖云重險，然流而不盈，潮不失限。何非吾人修道之要術。所貴深信維心之亨，猶如坎卦之剛中一般。則以此而往，必有功矣。且險之名雖似不美，而險之義實未嘗不美。天不可升，天非險乎？山川丘陵，地不險乎？城池之險以守其國，王公何嘗不用險乎？惟在吾人善用險，而不爲險所用。則以此治世，以此出世以此觀心，無不可矣。

〔註79〕智旭：《周易禪解》卷1，《嘉興藏》冊20，頁400上。

《象》曰：水洊至，習坎。君子以常德行，習教事。

> 常德行，即學而不厭也。習教事，即誨人不倦也。習坎之象，乃萬
> 古聖賢心法。奚險之可畏哉？此正合台宗善識通塞，即塞成通之法。
> 亦是巧用性惡法門。〔註80〕

上述文句的重點在於：「善觀心者，每即塞以成通。夫習坎雖云重險，然流而不盈，潮不失限。」意即坎雖因重剛而有重重艱險，然而若能深體坎卦的卦德則知水雖歷諸行程，但其始終在流過溪壑坑谷之後毫不執取諸境；而潮水有信，亦不耽誤來潮的時候，來潮後亦必退潮。以上所言，皆指涉君子雖具如水的德性，用以疏通溝渠等，僅善用其疏通的作用，而不執著其功，正為上意。

六、道品調適

在十乘觀法之中，當吾人進行「道品調適」的觀修之際，以觀十境中的第一境——觀陰入界境為例，亦可分成坐中修（端坐觀陰入界境）及坐禪中（歷緣對境陰入界）兩種修法，茲將「坐中修」、「坐禪中修」對「陰入界境」作十乘觀法第六觀「道品調適」的觀法內容，分述如下：

《摩訶止觀》論及以坐中修的方式，端坐觀陰入界境，來作「道品調適」的觀法內容為：

> 一、明當分者，未必具品，方能得道。二、明相攝者，如念處一法，
> 皆攝諸品。三、約位者，如念處當其位，正勤是煖位，如意足是頂
> 位，五根是忍位，五力是世第一位，八正是見諦位，七覺是修道位。
> 四、相生者，如修念處，能生正勤，正勤發如意足，如意足生五根，
> 五根生五力，五力生七覺，七覺入八正道，是為善巧調適。戒、定、
> 慧等，皆名為正。清淨心常一，則能見般若。是為「相生」，亦是「調
> 適」。〔註81〕

上述出自三十七道品之說，〔註82〕旨在釐清「道品調適」的重要觀念，可分

〔註80〕智旭：《周易禪解》卷4，《嘉興藏》冊20，頁425中～下。

〔註81〕〔隋〕智顗說，灌頂記：《摩訶止觀》卷7，《大正藏》冊46，頁87下。

〔註82〕三十七道品，解釋如下：道品，為梵語 bodhi-pākṣika 之意譯，又作菩提分、
覺支，即為追求智慧，進入涅槃境界之三十七種修行方法。又稱三十七覺支、
三十七菩提分、三十七助道法、三十七品道法。循此三十七法而修，即可次
第趨於菩提，故稱為菩提分法。三十七道品可分七科如下：（一）四念處，又

成四點：其一、未必具全三十七道品，才能證悟諸法實相；此語強調各法的
靈活運用，不明乎此，恐成僵滯之法。其二、諸法具相攝的特性，上述舉單
就四念處一法，即能涵攝三十七道品諸法。其三、約位者，如念處當其位，
正勤是煖位，如意足是頂位，五根是忍位，五力是世第一位〔註83〕，八正是

作四念住。（1）身念處，即觀此色身皆是不淨。（2）受念處，觀苦樂等感受
悉皆是苦。（3）心念處，觀此識心念念生滅，更無常住。（4）法念處，觀諸
法因緣生，無自主自在之性，是為諸法無我。（二）四正勤，又作四正斷。（1）
已生惡令永斷。（2）未生惡令不生。（3）未生善令生。（4）已生善令增長。（三）
四如意足，又作四神足。（1）欲如意足，希慕所修之法能如願滿足。（2）精
進如意足，於所修之法，專注一心，無有間雜，而能如願滿足。（3）念如意
足，於所修之法，記憶不忘，如願滿足。（4）思惟如意足，心思所修之法，
不令忘失，如願滿足。（四）五根，根，即能生之意，此五根能生一切善法。
（1）信根，篤信正道及助道法，則能生出一切無漏禪定解脫。（2）精進根，
修於正法，無間無雜。（3）念根，乃於正法記憶不忘。（4）定根，攝心不散，
一心寂定，是為定根。（5）慧根，對於諸法觀照明了，是為慧根。（五）五力，
力即力用，能破惡成善。（1）信力，信根增長，能破諸疑惑。（2）精進力，
精進根增長，能破身心懈怠。（3）念力，念根增長，能破諸邪念，成就出世
正念功德。（4）定力，定根增長，能破諸亂想，發諸禪定。（5）慧力，慧根
增長，能遮止三界見思之惑。（六）七覺分，又作七覺支、七覺意。（1）擇法
覺分，能揀擇諸法之真偽。（2）精進覺分，修諸道法，無有間雜。（3）喜覺
分，契悟真法，心得歡喜。（4）除覺分，能斷除諸見煩惱。（5）捨覺分，能
捨離所見念著之境。（6）定覺分，能覺了所發之禪定。（7）念覺分，能思惟
所修之道法。（七）八正道，又作八聖道、八道諦。（1）正見，能見真理。（2）
正思惟，心無邪念。（3）正語，言無虛妄。（4）正業，住於清淨善業。（5）
正命，依法乞食活命。（6）正精進，修諸道行，能無間雜。（7）正念，能專
心憶念善法。（8）正定，身心寂靜，正住真空之理。〔《雜阿含經》卷26、卷
27、卷28、《俱舍論》卷25、《大毘婆沙論》卷96、《法界次第初門》卷中之
下〕參見佛光大辭典編修委員會編：《佛光大辭典》，頁506。

〔註83〕《大毘婆沙論》五卷十三頁云：問：因論生論，何故此忍、獨名順諦；非煖
頂耶？答：亦應說順諦煖，順諦頂；而不說者，當知此是有餘之說。義皆有
故。復次言順諦者，謂極隨順聖諦現觀忍，極隨順聖諦現觀。煖頂不爾，故
遍說忍。復次忍鄰近見道。煖頂不爾故。復次忍與見道相似。煖頂不爾故。
謂見道位，唯法念住，恆現在前。忍位亦爾。煖、頂、不然。謂彼初位、雖
但起法念住；而增進位、亦得起餘三念住故。復次忍位，必有不出意樂，趣
入聖道。煖頂不爾故。復次修觀行者、於忍位中，樂別觀諦。於頂位中，樂
別觀寶。於煖位中，樂別觀蘊故。復次煖、止緣諦下愚；頂、止緣諦中愚。
忍、止緣諦上愚故。復次煖、止緣諦麤愚；頂、止緣諦中愚；忍、止緣諦細
愚故。復次煖、起緣諦下明；頂、起緣諦中明；忍、起緣諦上明故。復次煖、
起緣諦麤明；頂、起緣諦中明；忍、起緣諦細明故。復次煖、得緣諦下信；
頂、得緣諦中信；忍、得緣諦上信故。復次煖、得緣諦麤信；頂、得緣諦中

見諦位，七覺是修道位。其四、各法相資相生的情形，如：修四念處能生四
正勤→四正勤發四如意足→四如意足生五根→五根生五力→五力生七覺支→
七覺支入八正道，此即為道品善巧調適的內容。

《摩訶止觀》進一步析論調適道品的重要性為：

> 所以須此者，上來雖破法遍、識通塞，若不調停道品，何能疾與真
> 法相應？真法名無漏，道品是有漏。有漏能作無漏方便，方便失所，
> 真理難會。如釀酒法，酵煖得宜，變水成酒；麴蘗失度，味則不成。
> 《大論》云：「三十七品是行道法。涅槃城有三門。」三門是近因；
> 道品是遠因。為是義故，應須道品調停也。〔註84〕

上言當吾人修行十乘觀法第四觀破法遍及第五觀識通塞，仍然無法與真理相
應，觀證吾人之不思議心時，則須輔以十乘觀法第六觀調適道品，使能將一
切修行歸證於透過一心三觀以證悟諸法實相之旨。誠如《摩訶止觀》所言：

> 法性觀智，名之為「念」；一諦三諦，名之為「處」。一切即空，諸
> 倒榮枯，無不空寂。一切即假，二邊雙樹，無不成立。一切即中，
> 無非法界。祇一念心，廣遠若此。若能深觀念處，是坐道場，是摩
> 訶衍，是雙樹間入般涅槃，始終具足，不須更修餘法。若不入者，
> 更研餘品。〔註85〕

對於能觀法性的智慧即為念，所觀真理的歸趣之處即為一諦三諦，若能透過
一念心作觀，則諸法要義，本自具足。

信：忍、得緣諦細信故。復次以忍位中，或時以十六行相、觀察聖諦；或時
以十二行相、觀察聖諦；或時以八行相、觀察聖諦；或時以四行相、觀察聖
諦。煖頂位中，但以十六行相、觀察聖諦故。復次以忍位中，無雜作意。煖
頂位中，有雜作意故。謂煖頂位、數數復起欲界善心、觀欲界苦。為間雜已；
復能引此善根現前。忍位不爾。復次以忍位中，唯別作意、別觀諸諦。煖頂
位中，不如是故。謂煖頂位、雖別作意，別觀諸諦；而於中間、修總行相，
總觀諸諦。謂觀一切有漏皆苦；觀一切行、皆是無常；觀一切法、皆空無我；
唯觀涅槃、是真寂靜。復次以忍位中，有時相續、有一剎那、觀察聖諦。煖
頂位中，唯有相續觀聖諦故。復次以忍位中，漸略觀諦，極能隨順趣向涅槃。
如適他方，以多貿少。煖頂位中、不如是故。以如是等種種因緣，忍、名順
諦；煖、頂、不爾。參見朱芾煌編：《法相辭典》（長沙：商務印書館，1939
年），頁1243。

〔註84〕〔隋〕智顗說，灌頂記：《摩訶止觀》卷7，《大正藏》冊46，頁87下～88上。
〔註85〕〔隋〕智顗說，灌頂記：《摩訶止觀》卷7，《大正藏》冊46，頁89中。

以坐禪中，歷緣對境陰入界來進行觀「道品調適」的內容則為：「善知道品，榮、枯念處，雙樹中間入般涅槃。」〔註86〕易言之，透過三十七道品的調適，可俱破凡夫與二乘對於法性偏頗的認知，使之歸於中道實相。若能見佛性，則能莊嚴雙樹，於其雙樹中間入涅槃。

以下就《周易禪解》中關涉「道品調適」的部分，析論如下：

（一）以「道品調適」會通《比》卦

《周易禪解》有言：

> 比，吉。原筮元永貞，無咎。不寧方來。後夫凶。

> 用師既畢，踐天位而天下歸之，名比。比未有不吉者也。然聖人用師之初心，但為救民于水火，非貪天下之富貴。今功成眾服，原須細自筮審。果與元初心相合而永貞，乃無咎耳。夫如是，則萬國歸化，而不寧方來。彼負固不服者，但自取其凶矣。

> 佛法釋者：善用對破法門，則成佛作祖，九界歸依，名比。又觀心釋者，既知對破通塞，要須道品調適。七科三十七品相屬相連名比，仍須觀所修行，要與不生不滅本性相應，名原筮元永貞無咎。所謂圓四念處，全修在性者也。一切正勤根力等，無不次第相從。名不寧方來。一切愛見煩惱不順正法門者，則永被摧壞而凶矣。〔註87〕

智者大師述著之《摩訶止觀》對三十七道品的修行次第解說甚詳，直指吾人若能修四念處者，由於念處即是法界，故能涵攝一切法之旨，以及「三十七品，成於一心三觀」之義〔註88〕，此說正可印證智旭所言「七科三十七品相

〔註86〕〔隋〕智顗說，灌頂記：《摩訶止觀》卷7，《大正藏》冊46，頁100下。
〔註87〕智旭：《周易禪解》卷2，《嘉興藏》冊20，頁408下。
〔註88〕《大品》云：「欲以一切種修四念處者，念處是法界，攝一切法；一切法趣念處，是趣不過。」《華嚴》云：「譬如大地一，能生種種芽。」地是諸芽種也。《法華》云：「一切種相、體、性，皆是一種相、體、性。何謂一種？即佛種相、體、性也。」常途云：《法華》不明佛性。經明一種，是何一種？卉木叢林種種，喻七方便；大地一種，即是實事，名「佛種」也。今一念心起不思議，即一切種，十界陰入不相妨礙。若觀法性因緣生故，一種、一切種，則一色、一切色。若法性空故，一切色、一色，則一空、一切空。法性假故，一色、一切色，一假一切假。法性中故，非一非一切，雙照一、一切，亦名非空、非假，雙照空、假；則一切非空、非假，雙照空假。九法界色即空即假即中，亦復如是，是名「身念處」。若觀法性受，法性因緣生故，一種、一切種，一受、一切受。法性受空故，一切受、一受，一空、一切空。法性受

屬相連名比,仍須觀所修行,要與不生不滅本性相應」之旨趣;又,智旭強調圓教的四念處,其核心要義在於全修在性。

另見《周易禪解》對於「道品調適」的論述:

> 《象》曰:比,吉也。比,輔也。下順從也。原筮元永貞無咎,以剛中也。不寧方來,上下應也。後夫凶,其道窮也。

> 比則必吉,故非衍文。餘皆可知。

> 佛法釋者:約人,則九界爲下,順從佛界爲輔。約法,則行行爲下,順從慧行爲輔。剛中,故能全性起修、全修在性。上下應者:約人,則十界同稟道化;約法,則七科皆會圓慧也,其道窮者;約人,則魔外不順佛化而墮落;約法,則愛見不順正法而被簡也。

上約法言「七科皆會圓慧」之意,即指(一)四念處;(二)四正勤,又作四正斷;(三)四如意足,又作四神足;(四)五根;(五)五力;(六)七覺分,又作七覺支、七覺意;(七)八正道,又作八聖道、八道諦;等七科,若以圓教的真理觀去正確認識的話,自能進而體悟中道實相之旨。

又,《周易禪解》對於「道品調適」的論述:

> 《象》曰:地上有水,比。先王以建萬國親諸侯。

> 建萬國親諸侯,即所謂開國承家者也。

> 佛法釋者:地如境諦,水如觀慧。地如寂光,水如三土差別。皆比之象也。約化他,則建三土剎網,令諸菩薩轉相傳化。約觀心,則立陰界入等一切境以爲發起觀慧之地。觀慧名諸侯也。此是道品調

假名故,一受、一切受,一假、一切假。法性受中故,非一受、非一切受;非空、非假,雙照空、假;則一切非空、非假,雙照空、假。九法界受即空即假即中,亦復如是,是名「受念處」。若觀法性心因緣生法,一種、一切種,一心、一切心。法性空故,一切心、一心,一空、一切空。法性假故,一心、一切心,一假、一切假。法性中故,非一、非一切,非空、非假,雙照空、假。九法界心,亦復如是,是名「心念處」。若觀法性「想、行」兩陰因緣生法,一種、一切種,一行、無量行。法性空故,一切行、一行,一空、一切空。法性假故,一行、一切行,一假、一切假。法性中故,非一、非一切,非空、非假,雙照空、假。一切非空、非假,雙照空、假。九法界行皆即空、即假、即中,亦復如是,是名「法念處」。如是念處,力用廣博,義兼大小;俱破八倒,雙顯榮枯,雙非榮枯,即於中間,入般涅槃,亦名「坐道場」,亦名「摩訶衍」,亦名「法界」。參見〔隋〕智顗說,灌頂記:《摩訶止觀》卷7,《大正藏》冊46,頁88中~89上。

適，謂七科三十七品相比無間。〔註89〕

「七科三十七品相比無間」之意，即上引《摩訶止觀》三十七道品的修行次
第：修四念處能生四正勤→四正勤發四如意足→四如意足生五根→五根生五
力→五力生七覺支→七覺支入八正道，藉「道品調適」的修行，了悟諸法實
相。〔註90〕《摩訶止觀》引《大智度論》所言：

> 四念處中，四種精進，名「四正勤」；四種定心，名「四如意足」；
> 五善根生，名為「根」；根增長，名為「力」；分別四念處道用，名
> 為「覺」；四念處安隱道中行，名「八正道」。故知初心行道，用三
> 十七品調養止觀，四種三昧入菩薩位。如此道品，是大涅槃近因；
> 餘諸道品，名為遠因（云云）。

> 今以譬顯此義：植種於地，芽嘴初開，生根下向，枝葉上布，其花
> 敷榮，結果成實。法性、法界為大地；念處觀為種子；四正勤如抽
> 芽；五根如生根；五力如莖葉增長；七覺如開花；八正如結果。結
> 果者，即是入銅輪位，證無生忍，亦名「至寶所」，亦名「入祕藏」，
> 亦名「得醍醐」，亦名「見佛性」，亦名「法身顯，八相作佛」。道品
> 善知識，由是成正覺。此之謂也。〔註91〕

〔註89〕 智旭：《周易禪解》卷2，《嘉興藏》冊20，頁409上。

〔註90〕 《摩訶止觀》對此次第著墨甚多，諸如：勤觀念處，名「正勤」。見、思本起，
名「已生惡」；觀於即空，令已生不生，故勤精進。塵沙、無明，名「未生惡」；
觀即假、即中，令未生不生，故勤精進。竭力盡誠，行四三昧，遮此二惡。
一切智名「已生善」；此善易生，故言「泥洹道易得」也。道種智、一切種智，
名「未生善」；此分別智難生。空智已生，勤加增長；中智未生，令得開發。
三觀無間，祇為生此二智耳。是四正勤，亦能悟道，故言一心勤精進故，得
三菩提，不須餘法。若不入者，當是不勤，心過散動；須入善寂，審觀心性，
名為「上定」；於上定中，修如意足：欲、精進、心、思惟。……能如此修定
心而入，不須餘法。若不入者，當修「五根」。信三諦理是三世佛母，能生一
切十力、無畏、解脫三昧。但念處修，不求餘法，是名「信根」。……若不入
者，進修「五力」令根增長，遮諸煩惱，名之為「力」。……若不入者，用「七
覺」均調。心浮動時，以「除覺」除身、口之麤；以「捨覺」捨於觀智；以
「定」心入禪。若心沈時，「精進」、「擇」、「喜」起之。「念」通緣兩處。修
此七覺，即得入道。《大論》云：「若離五蓋，專修七覺，不得入者，無有是
處。」若不入者，修「八正道」。更以出世、上上「正見」，觀三諦理。如是
道品，非是對位；但於初心觀法性理，即得具足。參見智顗說，灌頂記：《摩
訶止觀》卷7，《大正藏》冊46，頁89下。

〔註91〕 〔隋〕智顗說，灌頂記：《摩訶止觀》卷7，《大正藏》冊46，頁90上。

上言以三十七道品爲吾人的善知識，譬喻：念處觀爲種子；四正勤如抽芽；五根如生根；五力如莖葉增長；七覺如開花；八正如結果；上述可說是爲調適道品作了最佳注解。

（二）以「道品調適」會通《小畜》卦

　　小畜，亨。密雲不雨，自我西郊。

　　畜，阻滯也。又讀如蓄，養也。遇阻滯之境，不怨不尤，惟自養以消之，故亨。然不可求速效也。約世法，則如垂衣裳而天下治，有苗弗格。約佛法，則如大集會中魔王未順。約觀心，則如道品調適之後，無始事障偏強。阻滯觀慧，不能克證。然聖人御世，不忌頑民。如來化度，不嫌魔侶。觀心勝進，豈畏夙障？譬諸拳石，不礙車輪。又譬鐘擊則鳴，刀磨則利。豬揩金山，益其光彩。霜雪相加，松柏增秀，故亨也。然當此時雖不足畏，亦不可輕于取功。須如密雲不雨自我西郊，直俟陰陽之和而後雨耳。〔註92〕

《小畜》卦卦辭：：「《小畜》卦，通達。濃雲雖然密布但雨降不下，從我西邊的郊野飄聚過去。」《小畜》卦是上巽下乾，亦即「風天小畜」。「雲」乃陰陽二氣互動所形成，爲尚未凝結爲雨的狀態。若依後天八卦圖而論，乾位居西北，巽位居東南，由於畫卦之爻畫乃由下而上，因此可以解讀爲風雨（巽爲風）由西北吹向東南，使濃雲未及下雨就飄聚過去，所以說「自我西郊」。〔註93〕小畜正是蓄積較少之意，雖已成雲但下雨，直到上九「既雨」。智旭大師以觀心詮釋上引文，說明在道品調適之後，由於吾人無始事障偏強，而阻滯觀慧，不能克證中道實相。聖人御世，重在調和，因此並不顧忌頑劣的子民；而如來化度，亦不嫌憎魔界道侶，吾人觀心的功夫日益勝進，自然就不怕夙昔的業障現前。

七、以「對治助開」會通《小畜》卦

　　在十乘觀法之中，當吾人進行「對治助開」的觀修之際，以觀十境中的第一境——觀陰入界境爲例，亦可分成坐中修（端坐觀陰入界境）及坐禪中

〔註92〕智旭：《周易禪解》卷2，《嘉興藏》冊20，頁409下。
〔註93〕學者傅佩榮對此有妙解：如果扣緊「西風」一詞，則可說：本卦以六四爲主爻，六四在上巽（風）與互兌（九二、九三、六四）中，兌之位在西，所以合爲「西風」。參見傅佩榮：《易經解讀》，頁78。

（歷緣對境陰入界）兩種修法，茲將「坐中修」、「坐禪中修」對「陰入界境」作十乘觀法第七觀「對治助開」的觀法內容，分述如下：

《摩訶止觀》論及以坐中修的方式，端坐觀陰入界境，來進行「對治助開」的觀法內容爲：

> 根鈍遮重者，以根鈍故，不能即開三解脫門，以遮重故，牽破觀心，
>
> 爲是義故，應須治道，對破遮障，則得安隱，入三解脫門。〔註94〕

三解脫門〔註95〕，可說是涅槃的指標。當吾人修行十乘觀法第五觀識通塞及第六觀調適道品，仍然無法與眞理相應，觀吾人之不思議心爲境證中道智時，則須輔以十乘觀法第七觀「對治助開」，使能將一切修行歸證於透過一心三觀以證悟諸法實相之旨。

而以坐禪中，歷緣對境陰入界來進行觀「對治助開」的內容則爲：「善知行中對治六度，助開涅槃門。」〔註96〕

徵諸《周易禪解》所言：

〔註94〕 參見〔隋〕智顗說，灌頂記：《摩訶止觀》卷7，《大正藏》冊46，頁91上。

〔註95〕 復次，行三十七道品，將到無漏城。城有三門，若入此門，即得發眞，謂：空、無相、無作門，亦名「三解脫門」，亦名「三三昧」。若從正見、正思惟入定，從定發無漏，是時正見智名「大臣」，正定爲「大王」，從此得名，名「三三昧」。非智不禪，即此意也。若由正定生正見，從正見發無漏，是時正定爲大臣，智慧爲大王，從此得名，名「三解脫」。非禪不智，即此意也。或可三昧是伏道；解脫是斷道、證道。或可定、慧合故，三昧即解脫，解脫即三昧。若三藏：以苦下空、無我，是「空門」；滅下四行是「無相門」；集、道下八行，苦下兩行，是「無作門」。此十六行，王臣等（云云）。若通教：明苦、集皆如幻化，即「空門」。古《釋論》本云：「若觀極微色，則有十八空。」今本云：「若觀一端疊，則有十八空。」疊是假名，極微是實法，以此爲異。若得意者，假、實皆空耳。若未入空，情想戲論，計有空相；知空無空相，名「無相門」。空相雖空，猶計觀智；既無能所，誰作空觀？是名「無作門」。既無作者，誰起願求？亦名「無願」。此三三昧王、臣（云云）。若別教：明從假入空，證眞諦，名「空三昧」。二乘但證此空，猶有空相：菩薩知空非空，出假化物，無復空相，是名「無相三昧」。進修中道，無中、邊相，亦不求中邊，名「無作三昧」。此三觀智王、臣（云云）。復次，別約出假意者：分別無量藥、病，悉是假名；假名無實，無實故空，是名「空門」。空尚無空相，況有假相？故名「無相門」。空、假無相，亦不願求知病、識藥，故名「無願」。此出假智王、臣（云云）。別約圓者：名雖同前，意義大異。《大論》云：「聲聞緣空，修三解脫；菩薩緣諸法實相，修三解脫。」智者見空及與不空。此空、不空，亦名「中道」。若見此空，即見佛性。參見〔隋〕智顗說，灌頂記：《摩訶止觀》卷7，《大正藏》冊46，頁90上～下。

〔註96〕 參見〔隋〕智顗說，灌頂記：《摩訶止觀》卷7，《大正藏》冊46，頁100下。

《象》曰：風行天上，小畜。君子以懿文德。

鼓萬物者莫妙于風。懿文德，猶所謂遠人不服，則修文德以來之。舞干羽于兩階而有苗格，即是其驗。故曰君子之德風也。觀心，則遍用事六度等對治助開，名懿文德。

佛法觀心釋者，修正道時，或有事障力強，須用對治助開。雖用助開，仍以正道觀慧為主。初九正智力強，故事障不能為害，而復自道。九二定慧得中，故能化彼事障反為我助而不自失。九三恃其乾慧，故為事障所礙，而定慧兩傷。六四善用正定以發巧慧，故血去而惕出。九五中正妙慧，體障即德，故能富以其鄰。上九定慧平等，故事障釋然解脫，如既雨既處而修德有功。夫事障因對助而排脫，必有一番輕安境界現前，名之為婦。而此輕安不可味著，味著則生上慢。自謂上同極聖，為月幾望。若信此以往，則反成大妄語之凶矣。可不戒乎！〔註97〕

歸納上語要點為：

若能善用觀心法門，則能遍用事六度等來對治助開，以體證諸法實相。各爻之爻位須對治的內容為：

初九——由於正觀的智慧力強，因此凤障無害，能復自道。

九二——象徵定慧的乾卦二爻為陽爻得中，因此能生智化障而不自失。

九三——缺乏理水滋潤的乾慧，每為事障所礙，而使定慧兩傷。

六四——若能善用正定，則能發巧慧。

九五——中正妙慧，體悟一切障礙成道之境即為德性的資糧，因此能遇障增智。

上九——定慧平等，修德有功，障成道助。

八、以「知次位」會通《履》卦

在十乘觀法之中，當吾人進行「知次位」的觀修之際，以觀十境中的第一境——觀陰入界境為例，亦可分成坐中修（端坐觀陰入界境）及坐禪中（歷緣對境陰入界）兩種修法，茲將「坐中修」、「坐禪中修」對「陰入界境」作十乘觀法第八觀「知次位」的觀法內容，分述如下：

〔註97〕智旭：《周易禪解》卷2，《嘉興藏》冊20，頁410上～中。

《摩訶止觀》論及以坐中修的方式，端坐觀陰入界境，來進行「知次位」的觀法內容為：

今有十意，融通佛法：

一、明道理，寂絕亡離，不可思議。即是四諦，三、二、一、無、隨情、智等，或開或合，若識此意，權實道理，冷然自照。

二、教門綱格，匡骨盤峙，包括密露，涇渭大小，即是漸、頓、不定、祕密、藏、通、別、圓，若得此意，聲教開合，化道可知。

三、經論矛盾，言義相乖，不可以情通，不可以博解，古來執諍，連代不消，若得四悉檀意，則結滯開融，懷抱瑣析，拔擲自在，不惑此疑彼也。四、若知謬執，而生塞著，巧破盡淨，單複具足，無言窮逐，能破如所破，有何所得耶？

五、結正法門，對當行位，修有方便，證有階差，權實大小，賢聖不濫，增上慢罪，從何而生？

六、於一法門，縱橫無礙，繪緒次第，疊疊成章。

七、開章科段，鉤鎖相承，生起可愛。

八、帖釋經文，婉轉繡媚，總用上諸方法，隨語消釋，義順而文當。

九、翻譯梵漢，名數兼通，使方言不壅。

十、一一句偈，如聞而修，入心成觀，觀與經合，觀則有印，印心作觀，非數他寶。……次位者，十意之一也。〔註98〕

上開十意，重點在於：「如聞而修，入心成觀，觀與經合，觀則有印，印心作觀，非數他寶。」換言之，透過聞思的熏習，以對境修觀顯智，一切的觀行必須符應經典所說，以為印證，歷次以能觀的心修所觀的六意識境，觀心實證真理的境界。

而以坐禪中，歷緣對境陰入界來進行觀「知次位」的內容則為：「深識次位，知我此行，未同上聖，慚愧進修，無有休已。」〔註99〕

徵諸《周易禪解》所言：

〔註98〕參見〔隋〕智顗說，灌頂記：《摩訶止觀》卷7，《大正藏》冊46，頁97下～98上。

〔註99〕參見〔隋〕智顗說，灌頂記：《摩訶止觀》卷7，《大正藏》冊46，頁100下。

履虎尾。不咥人。亨。

約世道，則頑民既格，上下定而爲履。以說應乾，故不咥人。約佛
法，則魔王歸順，化道行而可履。以慈攝暴，故不咥人。約觀心，
則對治之後，須明識次位，而成眞造實履。觀心即佛，如履虎尾。
不起上慢，如不咥人亨也。

《象》曰：履，柔履剛也。說而應乎乾。是以履虎尾不咥人亨。剛
中正。履帝位而不疚。光明也。

履之道莫善于柔。柔能勝剛，弱能勝強。故善履者，雖履虎尾，亦
不咥人。不善履者，雖履平地，猶傷其足。此卦以說應乾。說即柔
順之謂。臣有柔順之德，乃能使彼剛健之主，中正光明，履帝位而
不疚。否則不免于夬履貞厲矣。

佛法釋者：以定發慧，以修合性，以始覺而欲上契本覺。以凡學聖，
皆名爲柔履剛。得法喜名說，悟理性名應乾不起上慢。進趣正位，
則能以修合性。處于法王尊位如九五也。

《象》曰：上天下澤履。君子以辯上下，定民志。

佛法釋者：深知即而常六，道不浪階，是爲辯上下定民志。〔註100〕

智旭大師對於以「知次位」會通《履》卦六爻的內容爲：

初九——以正慧力，深知無位次之位次。以此而往，則不起上慢矣。

九二——中道定慧，進趣佛果，而不自滿足。潛修密證，不求人知。故吉。

六三——知性德而不知修德，如眇其一目。尙慧行而不尙行行，如跛其一足。
　　　　自謂能視，而實不見正法身也。自謂能履，而實不能到彼岸也。高
　　　　談佛性，反被佛性二字所害。本是鹵莽武人，妄稱祖師，其不至于
　　　　墮地獄者鮮矣。

九四——定慧相濟。雖未即證中道，然有進而無退矣。

九五——剛健中正，決定證于佛性，從此增道損生。出沒化物，不取涅槃以
　　　　自安隱矣。

上九——果徹因源，萬善圓滿。復吾本有之性，稱吾發覺初心。故大吉也。〔註101〕

〔註100〕智旭：《周易禪解》卷2，《嘉興藏》册20，頁410中～下。

九、以「能安忍」會通《泰》卦

在十乘觀法之中，當吾人進行「能安忍」的觀修之際，以觀十境中的第一境——觀陰入界境為例，亦可分成坐中修（端坐觀陰入界境）及坐禪中（歷緣對境陰入界）兩種修法，茲將「坐中修」、「坐禪中修」對「陰入界境」作十乘觀法第九觀「能安忍」的觀法內容，分述如下：

《摩訶止觀》論及以坐中修的方式，端坐觀陰入界境，來進行「能安忍」的觀法內容為：

> 能忍成道事，不動亦不退，是心名薩埵。始觀陰界，至識次位，八法障轉慧開，或未入品，或入初品，神智爽利，若鋒刃飛霜，觸物斯斷。初心聰叡，有逾於此，本不聽學，能解經論，覽他義疏，洞識宗途。……為辦大事，彌須安忍。〔註102〕

當吾人修行十乘觀法第七觀「對治助開」及第八觀「知次位」，仍然無法與真理相應，觀吾人之不思議心為境證中道智時，則須輔以十乘觀法第九觀「能安忍」，使能將一切修行歸證於透過一心三觀以證悟諸法實相之旨。上言吾人從觀陰界入始，以至於第八觀「識次位」，以八正道法門轉化障礙令智慧開啟，〔註103〕有的尚未進入初品，有的已經進入初品，得到神智爽利的覺受，有如鋒利的刀刃與飛霜濺飛般，任何障道因緣一接觸到此物（八正道法）即予阻斷。凡具有追求與體證真理的心念者，即是「菩提薩埵」、「薩埵」〔註104〕，

〔註101〕智旭：《周易禪解》卷2，《嘉興藏》冊20，頁410下。

〔註102〕參見〔隋〕智顗說，灌頂記：《摩訶止觀》卷7，《大正藏》冊46，頁99上。

〔註103〕所謂的八法，見於《摩訶止觀》卷6：「又如諸經中，或一道為藥：如一行三昧。如『佛告比丘：他物莫取。一切法皆是他物；於一切法不受，成羅漢。』如前所明，單、複諸見，皆悉不受。或二道為藥：定愛、智策，二輪平等。或三法為藥，謂戒、定、慧；或四法為藥，謂四念處；或五法為藥，謂五力；或六法，謂六念；七覺、八正道、九想、十智，如是等增數明道，乃至八萬四千，不可稱數。或眾多一法，乃至無量一法，不可說一法。或眾多十法，無量十法，不可說十法。是一一法，有種種名、種種相、種種治，出假菩薩皆須識知。為眾生故，集眾法藥，如海導師。若不知者，不能利物。為欲知故，一心通修止觀。」據上言，智者大師依據法義之闡述內容，繫上法數，八法所指即為八正道之法。參見隋・智顗說，灌頂記：《摩訶止觀》卷6，《大正藏》冊46，頁77中～下。

〔註104〕「薩埵」梵語 sattva，巴利語 satta。又作薩多婆、薩和薩、薩婆薩埵、薩怛嚩、索埵。含有存在、生、實、真、善、美、賢等義。於《成唯識論述記》卷一本，稱薩埵為有情，即有情意之義；《佛地經論》卷二則作勇猛之義。另有心力、有、有相、含識、眾生等諸義。薩埵亦指菩薩，即菩提薩埵之略稱。

菩薩在體證貞理的過程之中，必然充滿著各種嚴厲的考驗與挑戰，因此必須要做到能安忍，才能夠成就道業之事，達到不動、不退的境界。換言之，在歷經十乘觀法中的前二到八種觀法，還是不能契入第一觀觀不思議境時，即須鍥而不捨地進入第九觀「能安忍」，以早證聖境。

而以坐禪中，歷緣對境陰入界來進行觀「能安忍」的內容則為：「能於行中，外降名利，內伏三障，安忍不動。」〔註105〕在歷緣對境陰入界觀「能安忍」時，必須於外克服對於名聞利養的貪著，於內《周易禪解》中關涉「能安忍」的部分有言：

> 泰，小往大來。吉亨。

> 夫為下者每難于上達，而為上者每難于下交。今小往而達于上，大來而交于下。此所以為泰而吉亨也。約世道，則上下分定之後，情得相通，而天下泰寧。約佛法，則化道已行，而法門通泰。約觀心，則深明六即，不起上慢，而修證可期。又是安忍強軟二魔，則魔退而道亨也。強軟二魔不能為患是小往，忍力成就是大來。〔註106〕

《泰》卦是上坤下乾，即「地天泰」。《序卦》有言：「履而泰然後安，故受之以泰。泰者，通也。」此意即吾人行事若能按禮儀去行動，即可通達，且平安順遂。在易經的詮釋法則當中，通常將爻由下向上定義為「往」，爻由上向下則定義為「來」。《泰》卦坤上乾下，其卦象顯示陽爻群集下卦，而陰爻皆會聚前往上卦，陽爻多陰爻少，此正小往而大來的象徵，因此得多失少，吉利而亨通。智旭大師便將強軟二魔不能為患比況「小往」，而將忍力成擬狀為「大來」。此詮解方式亦暗合《象》言：「泰，小往大來，吉亨。則是天地交而萬物通也。上下交而其志同也。內陽而外陰。內健而外順。內君子而外小人。君子道長，小人道消也」〔註107〕之意。

智旭解《泰》卦的詳細內涵時，說道：《泰》卦以四時而論的話，則有如春天時，天地之氣交，而萬物咸通。以世道而論，則如政事初步治理階段，上、下之情交，而志同道合般美好。以體質而論，《泰》表示內陽而外陰，以

於密宗，則指金剛薩埵。此外，印度數論派以薩埵乃自性（梵 prakrti）所具三德之一。以上參見佛光大辭典編修委員會編：《佛光大辭典》，頁 5209、6602。

〔註105〕參見〔隋〕智顗說，灌頂記：《摩訶止觀》卷 7，《大正藏》冊 46，頁 100 下。
〔註106〕智旭：《周易禪解》卷 3，《嘉興藏》冊 20，頁 411 中。
〔註107〕智旭：《周易禪解》卷 3，《嘉興藏》冊 20，頁 411 中。

陽剛爲主。以德性而論，則內在剛健而表現於外能順暢，無私合理。以進退取捨而論，則代表內乾君子而外坤小人，若能見賢思齊，則見惡自省，因此君子之道能日長，則六爻皆有君子之道；小人道消，則六爻皆有保泰防否之功也。另以佛法來詮釋的話：「若得小往大來，則性德之天與修德之地相交，而萬行俱通也。……內合佛道之君子，而外同流于九界之小人，能化九界俱成佛界，故君子道長而小人道消也。」〔註108〕上言歸結乾卦性德與坤卦修德相需相成之理，俱闡陰陽之道，凡所施爲，與九界眾生，同歸一佛乘。

　　《周易禪解》《泰》卦《象》言：「城復于隍。其命亂也。」續言：

> 泰極必否，時勢固然。陰柔又無撥亂之才，故誡以勿復用師。上既失權，下必擅命，故有自邑告命者。邑非出命之所，而今妄自出命，亦可羞矣。然上六只是無才，而以陰居陰，仍得其正，非是全無德也。但遇此時勢，故命亂而出自邑人耳。〔註109〕

「欲安忍強軟二魔，須藉定慧之力。」智旭就佛法解釋《泰》卦六爻爲：

初九——剛正——故內魔既降，外魔亦伏。

九二——剛中——外魔既化，內魔不起，崇尚中道之行而光大性德。

九三——過剛——須艱貞，方得無咎。天地相際，故正慧賴定取。

六四——正定孚于正慧——不富有鄰，知魔實空性，則魔反爲吾侍而如鄰。

六五——定有其慧——了知魔界爲佛界，具足福慧二種莊嚴。

上六——守其劣定——業魔競發而擾亂。〔註110〕

從上分析可知：陰陽、剛柔，皆須符合爻的時位，才符合中道。

十、以「離法愛」會通《否》卦

　　在十乘觀法之中，當吾人進行「離法愛」的觀修之際，以觀十境中的第一境——觀陰入界境爲例，亦可分成坐中修（端坐觀陰入界境）及坐禪中（歷緣對境陰入界）兩種修法，茲將「坐中修」、「坐禪中修」對「陰入界境」作十乘觀法第十觀「離法愛」的觀法內容，分述如下：

　　《摩訶止觀》論及以坐中修的方式，端坐觀陰入界境，來進行「離法愛」的觀法內容爲：

〔註108〕智旭：《周易禪解》卷3，《嘉興藏》冊20，頁411中。

〔註109〕智旭：《周易禪解》卷3，《嘉興藏》冊20，頁412上。

〔註110〕智旭：《周易禪解》卷3，《嘉興藏》冊20，頁412上。

　　唯有法愛，法愛難斷，若有稽留，此非小事。……不進不退，名爲
頂墮。若破法愛，入三解脫，發眞中道，所有慧身，不由他悟，自
然流入薩婆若海，住無生忍，亦名寂滅忍，以首楞嚴遊戲神通具大
智慧，如大海水，所有功德，唯佛能知。〔註111〕

而以坐禪中，歷緣對境陰入界來進行觀「離法愛」的內容則爲：「法愛滯著，
莫令頂墮。」〔註112〕

　　《周易禪解》中關涉《否》卦「離法愛」的內容有：

　　否之匪人。不利君子貞。大往小來。

約世道，則承平日久，君民逸德，而氣運衰頹。約佛法，則化道流
行，出家者多，而有漏法起。約觀心，則安忍二魔之後，得相似證，
每每起于似道法愛而不前進。若起法愛，則非出世正忍正智法門，
故爲匪人，而不利君子貞。以其背大乘道，退墮權小境界故也。〔註113〕

《否》卦《彖》象有言：「否之匪人。不利君子貞。大往小來。則是天地不交，
而萬物不通也。上下不交，而天下無邦也。內陰而外陽，內柔而外剛，內小
人而外君子。小人道長，君子道消也。」〔註114〕以佛法解釋者爲：若起似道
法愛，則因生起貪念，已違天地自然正道，因此修德不合性德之天，使得萬
行俱不通。誠如智旭所言：

向上不與向下合一，而不能從寂光垂三土之邦國也。內證陰柔順忍，
而置陽剛佛性于分外。內同二乘之小人，而置佛果君子于分外。自
不成佛，不能化他成佛。故小人道長，君子道消也。強軟二魔，人
每畏懼。故泰傳極慶快之辭以安慰之，令無退怯。順道法愛，人每
貪戀。故否傳極嗟歎之辭以警策之，令無取著。〔註115〕

上言《否》卦與《泰》卦爲反對卦，當人生處境相當順遂時，就是另一個艱
困的旅程正開始，當能安忍有得之際，也會忘記修證歷程的艱辛，而對於法
有所貪愛，故於《否》卦每多警策，意即在此。

〔註111〕〔隋〕智顗說，灌頂記：《摩訶止觀》卷7，《大正藏》冊46，頁99下～100上。
〔註112〕〔隋〕智顗說，灌頂記：《摩訶止觀》卷7，《大正藏》冊46，頁100下。
〔註113〕智旭：《周易禪解》卷3，《嘉興藏》冊20，頁412上。
〔註114〕智旭：《周易禪解》卷3，《嘉興藏》冊20，頁412中。
〔註115〕智旭：《周易禪解》卷3，《嘉興藏》冊20，頁412中。

第三節　「十乘觀法」與「三陳九卦」之會通

在《周易禪解》中，十乘觀法與《易經》卦爻的會通，除了上述所論的卦爻與觀法對應之外，最典型而有系統者，當屬十乘觀法與《易經》中著名的孔子三陳的憂患九卦之會通。

一、《周易禪解》中的「三陳九卦」

《易》本「憂患」之書，旨在指涉吾人對於進德修業必須兢兢業業，從蓍草占筮與《易》之義理研究，莫不蘊藏此意。誠如智旭於《周易禪解・繫辭下》卷9所言：「其實六十四卦，無非與民同患，內聖外王之學。且就九卦指點者，以其尤爲明顯故也。」續言：「《易》之爲書也不可遠。爲道也屢遷。變動不居，周流六虛。上下無常，剛柔相易，不可爲典要，唯變所適。其出入以度，外內使知懼，又明于憂患與故。無有師保，如臨父母。初率其辭，而揆其方。既有典常，苟非其人，道不虛行。」〔註116〕強調吾人應以《易》書爲典要，若能善加運用，雖無師保常臨教導，卻有如師保時時啓迪聖智，亦有如父母時加呵護般，能夠知所進退，明哲保身。智旭進一步闡《易》書之妙理，說道：

> 夫蓍圓而神，卦方以知，爻易以貢皆所謂寂然不動感而遂通者也。聖人即以此洗心退藏于密，所謂自明誠謂之教，能盡其性，則能盡人之性，故吉凶與民同患。神以知來，知以藏往，不俟問于蓍龜而後知吉凶也。此惟古之聰明睿知，斷惑而無惑可斷者，乃能與于此耳。〔註117〕

智旭：「因蓍有數，因數立卦，因卦有爻。」蓍草的起源，實源於聖人幽贊神

〔註116〕 智旭：《周易禪解》卷9，《嘉興藏》冊20，頁461下。

〔註117〕 子曰：夫《易》，何爲者也？夫易，開物成務，冒天下之道，如斯而已者也。是故聖人以通天下之志，以定天下之業，以斷天下之疑。是故蓍之德圓而神，卦之德方以知，六爻之義易以貢。聖人以此洗心，退藏于密。吉凶與民同患。神以知來，知以藏往，其孰能與于此哉？古之聰明睿知，神武而不殺者夫！「此欲明易書之妙，而先示易理之大也。夫所謂易，果何義哉？蓋是開一切物，成一切務，包盡天下之道者也。是故聖人依易理而成易書，以通天下之志，使人即物而悟理；以定天下之業，使人素位而務本；以斷天下之疑，使人不泣岐而徨徉。是故蓍之德，極其變化而不可測也。卦之德，有其定理而不可昧也。爻之義，盡其變通而未嘗隱也。」參見智旭：《周易禪解》卷8，《嘉興藏》冊20，頁457中。

明。而數倚重於參天兩地，觀陰陽變化以立卦，剛柔之道賴爻顯，藉以和順道德，使令百姓在進修上具章法條理，進而窮理盡性，天命由我不由天。〔註118〕自古傳說神龜與蓍草皆為聖物，而聖人每每藉之卜筮，以斷吉凶。《易》明聖人之道有四：①以言者尚其辭，②以動者尚其變，③以制器者尚其象，④以卜筮者尚其占。君子觀象玩辭觀變玩占。此四者，即《易》所有聖人之道。玩辭能言，觀變能動，觀象以制器，玩占以卜筮決疑。聖人修身治人之事，不外「言」、「動」、「制器」、「卜筮」。每當君子將有為、有所行之際，必藉蓍草卜問而以言，其受命如嚮，無論遠近幽深，都能預先測知將來的事物變化，若非《易》乃天下之至精至神至微至妙，孰能達到這種境界。〔註119〕所謂的君子，即是效法學習作聖人者。誠如智旭《周易禪解》所言：

> 學聖人者必學《易》。善學《易》者，舉凡有為有行，必玩辭而玩占。
>
> 果能玩辭玩占，則《易》之至精，遂為我之至精矣！〔註120〕

據上言，古之君子，必精於卜筮之道。而卜筮之道，深明「天一地二。天三地四。天五地六。天七地八。天九地十。天數五。地數五。五位相得而各有合。天數二十有五。地數三十。凡天地之數五十有五。此所以成變化而行鬼神也。」之理。誠如智旭所言：「此明河圖之數，即天地之數，即所以成變化而行鬼神者也。太極無極，只因無始不覺妄動強名為一。……故河圖止有十數。然此十數總不出于天地，除天地外別無有數，除數之外亦別無天地可見矣！……凡天地之數五十有五，而變化皆以此成，鬼神皆以此行矣。有陰陽乃有變化，有變化乃有鬼神。變化者，水火木金土，生成萬物也。鬼神者，能生所生，能成所成，各有精靈以為之主宰也。變化即依正幻相。鬼神，即器世間主，及眾生世間主耳。」〔註121〕

《周易禪解》有言：

> 《象》曰：比之無首。無所終也。
>
> 從屯至此六卦，皆有坎焉。坎得乾之中爻，蓋中道妙慧也。其德為陷為險。夫煩惱大海，與薩婆若海，豈真有二性哉？且從古及今，無不生于憂患，死于安樂。故四諦以苦居初，佛稱八苦為師。苦則

〔註118〕智旭：《周易禪解》卷9，《嘉興藏》冊20，頁463上。
〔註119〕智旭：《周易禪解》卷8，《嘉興藏》冊20，頁456下～457上。
〔註120〕智旭：《周易禪解》卷8，《嘉興藏》冊20，頁457上。
〔註121〕智旭：《周易禪解》卷8，《嘉興藏》冊20，頁457上。

悚惕而不安。悚惕不安,則煩惱海動,而種智現前矣。聖人《序卦》之旨,不亦甚深也與!〔註122〕

智旭:「《易》之興也,其于中古乎?作《易》者,其有憂患乎?」續言:

是故履,德之基也。謙,德之柄也。復,德之本也。恒,德之固也。損,德之修也。益,德之裕也。困,德之辯也。井,德之地也。巽,德之制也。〔註123〕

智旭認為《易經》的作者深具「與民同患」之感懷,因此才會不厭其煩地透過卦象與爻辭來揭示憂患意識的重要性,而在《易經・繫辭下》裡,最為彰著憂患之道者,莫過於孔子的三陳九卦之說。智旭對三陳九卦賦予天台圓教十乘觀法之詮釋,見於智旭《周易禪解・繫辭下》所闡釋:

心慈而力健,故為德基。內止而外順,故為德柄。天君為主,故是德本。動而深入,故德可固。譬如為山,故為德修。鼓舞振作,故為德裕。積而能流,故為德辯。入而能出,故為德地。遍入一切,故為德制。

素位而行之謂履,蘊高于卑之謂謙,為仁由己之謂復,動而有常之謂恒,去惡淨盡之謂損,積善圓滿之謂益,歷境鍊心之謂困,有源不窮之謂井,無入不得之謂巽。〔註124〕

智旭大抵從易學義理的角度作詮釋,譬如據《說卦傳》所言天澤履卦之卦德,外卦(上卦)乾具「健」之卦德,內卦(下卦)兌具「悅」之卦德〔註125〕;智旭:「素位而行之謂履」,並對「履和而至」詮解為「和即兌慈,至即乾健」;綜上所述,履卦便有了「心慈而力健,故為德基」之說。

〔註122〕智旭:《周易禪解》卷2,《嘉興藏》冊20,頁409下。
〔註123〕智旭:《周易禪解》卷9,《嘉興藏》冊20,頁461中。
〔註124〕智旭:《周易禪解》卷9,《嘉興藏》冊20,頁461中。
〔註125〕智旭對易經中的《說卦傳》,具有獨特的詮釋方式,透過其詮釋內容,則能進一步了解其思維模式,對其以禪解儒的詮釋進路獲得更深的體會。例如《說卦傳》:「乾為馬。坤為牛。震為龍。巽為雞。坎為豕。離為雉。艮為狗。兌為羊。」智旭解釋:「讀此方知蠢動含靈皆有佛性。雖一物各象一卦,而卦卦各有太極全德,則馬牛等亦各有太極全德矣。」又《說卦傳》:「乾為首。坤為腹。震為足。巽為股。坎為耳。離為目。艮為手。兌為口。」智旭詮解:「若約我一身言之,則八體各象一卦。然卦卦有太極全德,則體體亦各有太極全德矣。又體體各有太極全德,則亦各有八卦全能也。又馬牛等各有首腹及與口等,則馬牛等各具八卦全能尤可知也。」參見智旭:《周易禪解》卷9,《嘉興藏》冊20,頁463下。

地山謙卦，據《說卦傳》所言，上卦為坤，不但具有「順」之卦德，且能表徵「柄」之意，下卦艮，則具「止」之卦德；智旭指出，「蘊高于卑之謂謙」，又可運用謙卦來制作禮儀」；綜上所述，謙卦便有了「內止而外順，故為德柄」之說。

地雷復卦，上坤下震，全卦五陰一陽，因此復卦之卦主為震卦初九爻，震卦如《說卦傳》所言：「帝出乎震。」智旭解釋道：「帝者，吾人一念之天君也。不憤不啟，不悱不發，故出乎震。」又言：「萬物皆出乎震，況為聖為賢，成佛作祖，獨不出乎震邪？」〔註126〕智旭指出「為仁由己之謂復」，透過以上的串解，便得出復卦係以「天君為主」，因此為「德之本」。胡瀚平指出：「復，復歸，復原。執禮謙恭進其德，進而復歸人性善之本。」他引了陸九淵的見解：「復者，陽復，為復善之義」；「知物之為害而能自反，則知善者乃吾性之固有，循吾固有而進德，則沛然無它適矣。故曰『復』，德之本』也。」胡氏對於陸九淵之見，評曰：「這算是深明三陳九卦《復》卦的精微了。」〔註127〕誠哉斯言！《復》之大義大明！

三陳九卦中的第四卦為恒卦，雷風恒，上震下巽，據《說卦傳》所言，震具有「動」的意涵，而巽則有「入」之作用，因此智旭：「動而有常之謂恒」，進而推展出「動而深入，故德可固」之義理內涵。《恒》卦卦辭上說：「恒，亨。無咎。利貞。利有攸往。」〔註128〕揭顯唯有恒常守住正道，才是堅持、固守道德涵養的表現。

續論第五卦《損》卦，智旭：「去惡淨盡之謂損」，「譬如為山，故為德修。」今就損卦分析，山澤損，上艮下兌，誠如《程傳》：「《損》，《序卦》：解者緩也，緩必有所失，故受之以損。縱緩則必有所失，失則損也，損所以繼解也。為卦，艮上兌下。山體高，澤體深，下深則上益高，為損下益上之義；又澤在山下，其氣上通，潤及草聲木百物，是損下而益上也；又下為兌說，三爻皆上應，是說以奉上，亦損下益上之義；又下兌之成兌，由六三之變也，上艮之成艮，自上九之變也，三本剛而成柔，上本柔而成剛，亦損下益上之義。損上而益於下則為益，取下而益於上則為損。在人，上者施其澤以及下則益也，取其下以自厚則損也。譬諸壘土，損於上以培厚其基本，則上下安固矣，

〔註126〕智旭：《周易禪解》卷9，《嘉興藏》冊20，頁463下。

〔註127〕胡瀚平：《周易思想探微》，頁123～125。

〔註128〕智旭：《周易禪解》卷5，《嘉興藏》冊20，頁427下。

豈非益乎？取於下以增上之高小則危墜至矣，豈非損乎？故損者損下益上之義，益則反是。」〔註129〕綜說《損》卦，循孔子三陳九卦的順序，初陳《損》卦卦德為德之修，再陳《損》卦卦性為先難後易，三陳《損》卦之卦用為「遠害」。

第六卦《益》卦，其卦德為「益，德之裕也」；卦性為「長裕而不設」；卦用為「興利」。智旭：「積善圓滿之謂益」，對於《益》卦解釋，詳如上解《損》卦時，反義即是《益》，即完善了道德層面之內涵，此略。

第七卦《困》卦，澤水《困》，上兌下坎，其卦德為「德之辨」，即對吾人道德修養的檢驗之意；卦性為「窮而通」；卦用為「寡怨」。智旭：「積而能流，故為德辨。」又言：「歷境鍊心之謂困」，為何《困》卦具有檢驗道德修養的作用？徵諸胡瀚平：「《困》卦大義，正是表明在困苦窮厄之際，最能檢驗道德修養的品質。」〔註130〕徵諸困卦卦辭所言：「《困》，亨。貞大人吉無咎。有言不信。」《困》卦《彖》曰：「困。剛揜也。險以說。困而不失其所亨。其惟君子乎？貞大人吉，以剛中也。有言不信，尚口乃窮也。」〔註131〕智旭：「坎剛在下，而為兌柔所揜。剛既被揜，水漏澤枯，困之象也。處險而說，素患難行乎患難，遯世無悶，不改其樂，非君子其孰能之？九二、九五，皆以剛而得中。此大人之貞，吉之道也。苟不守此貞，而徒尚口，適足以取窮而已矣。」窮、困是一對寶，既困則漸窮，人處於逆境之中，常常禍不單行，在人情上往往是患難見真情，而在砥礪與檢驗志節上，也是時窮節乃見，因此《孟子》提出：「天將降大任於斯人也，必先勞其筋骨，餓其體膚，空乏其身，增益其所不能」的見解勉勵世人，不啻充分說明了智旭所言「處險而說，素患難行乎患難，遯世無悶，不改其樂，非君子其孰能之？」之旨趣。

第八卦《井》卦，水風《井》，上坎下巽，其卦德為「德之地」，即道德修養的居所之意；卦性為居其所而遷；卦用為「辨義」。智旭：「有源不窮之謂井」、「入而能出，故為德地」，《井》卦卦辭有言：「井，改邑不改井，無喪無得，往來井井。汔至，亦未繘井，羸其瓶，凶。」當吾人窮困之際，乾涸逼人，一旦知道何處有井，而隨之遷徙居所到有井水的位置生活，將一改窮

〔註129〕參見〔清〕李光地撰，馮雷益、鐘友文整理：《御纂周易折中》（北京：中央編譯出版社，2011年），上冊，頁189。
〔註130〕參見胡瀚平：《周易思想探微》，頁128～129。
〔註131〕智旭：《周易禪解》卷6，《嘉興藏》冊20，頁438下。

困缺水爲遇井水而亨通。再者，吾人的村邑居住地可以改變，但井卻不可以
遷移。凡是可以改動的，必然有失有得；既然不會改變，何嘗又有失與得呢？
需要食用水的人自然會前往井處汲水而飲，未食者也會趨之若鶩而來。人有
往來，但是井何曾有往來的現象？「下瓶將及于水曰汔至，得水收繩未盡曰
未繘井。」〔註132〕智旭解釋：「繘井則有功，未繘羸其瓶則凶。」藉繘井之事
暗喻吾人成德的工夫不應半途而廢，若德未成則凶，凡此種種得失之象，皆
取決於人的造化，而非井的得失。井無得失之意象，適足以說明吾人的性德
雖有六個階位之別，然而其德性（佛性）卻本具；了知吾人雖德性本具，但
卻有進退得失的可能性，如此則能進一步修養德性以達究竟圓滿。故曰井德
之地也，又曰井以辨義，〔註133〕如智旭言：「困似專指修德，其實發明全修在
性。今似專指性德，其實要人全性起修。故隨明未有功而羸瓶則凶。其重修
德甚矣。」

　　第九卦《巽》卦，巽爲風，上巽下巽，據《說卦傳》所言，《巽》具有「入」
的特性，其卦德爲「德之制」，即道德修養的居所之意；卦性爲「稱而隱」；
卦用爲「行權」。智旭指出，「無入不得之謂《巽》」，由於《巽》卦具有「遍
入一切」的特性，因此在道德修養上，能夠根據不同的狀況，而採取相應的
權宜措施。

二、智旭以「十乘觀法」詮釋「三陳九卦」的內涵

　　智旭對三陳九卦各卦的作用（卦用），提出他的見解：

> 履以和行。謙以制禮。復以自知。恒以一德。損以遠害。益以興利。
> 困以寡怨。井以辨義。巽以行權。此正明九卦之用如此。以此而爲
> 內聖外王之學，所以能歸非善非惡之至善，非邪非正之至正。而聖
> 人與民同患之線索，亦盡露于此矣。〔註134〕

〔註132〕「繘」，指井上汲水用的繩索。《禮記·喪大記》：「管人汲，不說繘，屈之，
　　　　盡階不升堂，授御者。」孔穎達疏：「繘，汲水瓶索也。」以上參見羅竹風主
　　　　編：《漢語大詞典》，第9冊，頁1024。「羸」，通「儡」，意爲喪敗；損毀。《易·
　　　　井》：「羸其瓶，凶。」高亨注：「此羸字疑借爲儡……《說文》：『儡，相敗也。』
　　　　敗、毀，義相近，則儡可訓毀，儡其瓶謂毀其寶也。」「繘井」，用繩汲取井
　　　　水。《易·井》：「汔至，亦未繘井，羸其瓶，凶。」孔穎達疏：「汲水未出而
　　　　覆，喻修德未成而止，所以致凶也。」參見羅竹風主編：《漢語大詞典》，第
　　　　11冊，頁1418。
〔註133〕智旭：《周易禪解》卷6，《嘉興藏》冊20，頁439中。
〔註134〕智旭：《周易禪解》卷9，《嘉興藏》冊20，頁461下。

進一步指出：

> 按此九卦，亦即是以餘九法助成不思議觀之旨。蓋《易》即不思議
> 境之與觀也。作《易》者有與民同患之心，更設九法以接三根。
>
> 〔註135〕

很明顯地，智旭將十乘觀法中的第一觀——「能觀不思議境的心」與「所觀
的不思議心的境界」等同《易》，在他看來，《易經》的作者不但與百姓共同
具有防危慮險的憂患意識與同理心，更具有大智慧，如同天台智者大師巧立
十乘觀法來普為化導上、中、下三種不同根器的眾生，同歸於善，止於至善，
使吾人與生俱有的德性得以昭著。智旭巧妙地將十乘觀法中的第二觀至第十
觀，分別對應到孔子大力闡揚的三陳九卦，透過上述緊密地對應與連結，彼
此便在形式與義理上，能夠圓融地會通。誠如智旭所言：

> 履是真正發菩提心，上求下化。謙是善巧安心止觀。地中有山，止
> 中有觀也。復是破法遍，一陽動于五陰之下也。恒是識通塞，能動
> 能入也。損是道品調適，能除惑也。益是對治助開，成事理二善也。
> 困是知次位，如水有流止，不可執性廢修也。井是能安忍，謂不動
> 而潤物也。巽是離法愛，謂深入于正性也。〔註136〕

又言：

> 履和而至。謙尊而光。復小而辯于物。恒雜而不厭。損先難而後易。
> 益長裕而不設。困窮而通。井居其所而遷。巽稱而隱。
>
> 和即兌慈，至即乾健。尊即山高，光即坤順。小即一陽而為眾陰之
> 主。入于群動，故雜而不厭。譬如為山，方覆一簣，故先難而後易。
> 鼓舞振作，則自然長裕。窮即澤之止水，通即坎之流水。由積故流，
> 猶所謂隱居求志而行義達道也。井不動而澤及于物，巽能遍入一切
> 事理深奧之域，故稱而隱。〔註137〕

筆者以智旭《周易禪解》的內容為主，參酌胡瀚平撰著的《周易思想探微》
對於三陳九卦的縝密分析，並援引相關文獻，將三陳九卦與十乘觀法之關涉
整理表解如下：

〔註135〕智旭：《周易禪解》卷9，《嘉興藏》冊20，頁461下。
〔註136〕智旭：《周易禪解》卷9，《嘉興藏》冊20，頁461下。
〔註137〕智旭：《周易禪解》卷9，《嘉興藏》冊20，頁461中～下。

卦序	卦名	三　陳			九卦與十乘觀法之關涉
		卦　德	卦　性	卦　用	
10	履	德之基（基礎）	心慈而力健，故爲德基。和而至	履以和行。	眞正發菩提心。上求下化。
15	謙	德之柄（柯柄）	內止而外順，故爲德柄。尊而光	謙以制禮。	善巧安心止觀。地中有山，止中有觀。
24	復	德之本（本源）	天君爲主，故是德本。小而辨於物	復以自知。	破法遍。一陽動于五陰之下。
32	恒	德之固（堅持）	動而深入，故德可固。雜而不厭	恒以一德。	識通塞。能動能入。
41	損	德之修（完善）	譬如爲山，故爲德修。先難後易	損以遠害。	道品調適。能除惑。
42	益	德之裕（充實）	鼓舞振作，故爲德裕。長裕而不設	益以興利。	對治助開。成事理二善。
47	困	德之辨（檢驗）	積而能流，故爲德辨。窮而通	困以寡怨。	知次位。如水有流止，不可執性廢修。
48	井	德之地（居所）	入而能出，故爲德地。居其所而遷	井以辨義。	能安忍。不動而潤物。
57	巽	德之制（權宜）	遍入一切，故爲德制。稱而隱	巽以行權。	離法愛。深入于正性。

綜上所述，誠如智旭於《周易禪解》上所言：「六十四卦〈大象傳〉，皆是約觀心釋，所謂無有一事一物而不會歸于即心自性也。」〔註138〕除上述所列文句，茲引其餘《周易禪解》中與天台圓教十乘觀法關涉之內容臚列如下，聚類以觀：

> 統論乾坤二義。約性則寂照之體，約修則明靜之德，約因則止觀之
> 功，約果則定慧之嚴也。〔註139〕

上意爲：

乾——約性爲照之體——約修爲明之德——約因爲觀之功——約果爲智
　　慧之莊嚴。

坤——約性爲寂之體——約修爲靜之德——約因爲止之功——約果爲禪

〔註138〕智旭：《周易禪解》卷1，《嘉興藏》冊20，頁398上。

〔註139〕智旭：《周易禪解》卷1，《嘉興藏》冊20，頁398下。

定之莊嚴。

《周易禪解》：

> 一山之中具有天之全體，一念心中具攝十世古今。攬五時八教之前
> 言，該六度萬德之往行，以成我自心之德。以此自畜，即以此畜天
> 下矣。〔註140〕

上語首先以自然意象來說明山天大畜卦，山雖屈居天下，卻具天德之全；藉
以指涉人事意象中吾人的一念心中具攝十世古今，透過久遠劫來廣行六度萬
德，以圓成吾人自心之德。由涵養一身心念，即能推而廣納天下之萬德。

《周易禪解》：

> 人之柔在內如虛舟，剛得中如堅木，斯可歷萬變而無敗也。……吾
> 人現在一念心性亦復如是，不在內、不在外，不在中間，不在過去、
> 不在現在、不在未來，覓之了不可得，可謂至虛。天非此無以為覆，
> 地非此無以為載，日月非此無以為明，鬼神非此無以為靈，萬物非
> 此無以生育，聖賢非此無以為道。體物而不可遺，可謂至實。夫十
> 方三世之情執本虛，而心體真實，決不可謂之虛。天地萬物之理體
> 本實，而相同幻夢，決不可謂之實。是故柔與剛非二物，內與中非
> 二處也。知乎此者，方可名貞，方可涉川，方信及豚魚而吉矣。
>
> 〔註141〕

上引諸語，重點在於將吾人的真實心體與本虛情執對顯，強調天地萬物之理
體本實，卻如幻如夢，因此決不可以將它看成是真實的。而吾人現在一念心
性，覓之了不可得，既不在內、不在外，也不在中間，亦不在過去、不在現
在、不在未來，看似至虛，卻非虛。此即吾人自心的不思議境界。智旭續以
「易即吾人不思議之心體」為金鑰，詮釋上語之理如下：

> 聖意雖多，而動靜二機足以該之。故乾坤二象即可以盡聖人之意也。
> 又復設卦以盡情偽。動靜雖只有二，而其中變態，或情或偽，不一
> 而足。故六十四卦乃能盡萬物之情偽也。又復繫辭焉以盡其言。蓋
> 舉天下事物一一言之，則勞而難遍。今借六十四卦而繫以辭，則簡
> 而可周也。雖六十四卦已足收天下事物之大全，而不知事事物物中
> 又各互具一切事物也。故變而通之，每卦皆可為六十四，而天下之

〔註140〕智旭：《周易禪解》卷4，《嘉興藏》冊20，頁423下。
〔註141〕智旭：《周易禪解》卷7，《嘉興藏》冊20，頁449上～中。

利斯盡矣。雖有三百八十四爻動靜陳設，若不于中善用鼓舞，使吾
人隨處得見易理，則亦不足以盡神，而聖人又觸處指點以盡神矣！
雖復觸處指點，然收彼三百八十四爻大綱，總不出乾坤二法。故乾
坤即《易》之蘊藏也。夫本因易理而有乾坤。既有乾坤，易即立乎
其中。設毀此乾坤二法，則易理亦不可見。設不見易理本體，則乾
坤依何而有？不幾至于息滅哉！此甚言易外無乾坤，乾坤之外亦無
易也。蓋易即吾人不思議之心體。乾即照，坤即寂。乾即慧，坤即
定。乾即觀，坤即止。若非止觀定慧，不見心體，若不見心體，安
有止觀定慧。是故即形而非形者，向上一著即謂之道。無形而成形
者，向下施設即謂之器。道可成器，器可表道，即謂之變。從道垂
器，從器入道，即謂之通。自既悟道與器之一如，以此化天下之民，
即謂之事業矣！〔註142〕

若能梳理出智旭所指乾坤之義，則上述諸言之義盡洩。乾——照；慧；觀。
坤——寂；定；止。乾坤合用，方能止觀定慧雙運，得見心體，推溯出「即
形而非形」的先天之道，而不受器界所拘執；而「道可成器，器可表道」不
啻為「心可成境，境可表心」之同義詞。智旭上論，已然標舉出「心易不二」
之理。若舉天下萬事萬物一一而言，則勞而難遍。今權藉六十四卦而繫以辭，
則簡而可周。雖六十四卦已足收天下事物之大全，然而不能不知事事物物中
又各互具一切事物；因此變而通之，每卦皆可為六十四，則天下之利不逾越
此。雖有三百八十四爻動靜的陳設，但是若不於中善用鼓舞，使吾人隨處得
見易理，則亦不足以盡易之神，而聖人又觸處指點以盡其神。雖然又觸處指
點，然而能涵蓋三百八十四爻之大綱者，總不出乾坤二法。因此，乾坤即《易》
之蘊藏也。從根本上來說，因易理而有乾坤；既有乾坤，則易即立乎其中。
假若毀此乾坤二法，則易理亦不可見；設不見易理本體，則乾坤依何而有？
如此一來，與息滅有何兩樣。換言之，易外無乾坤，乾坤之外亦無易也。易
即吾人不思議之心體。智旭大師直指：

乾——即照——即慧——即觀

坤——即寂——即定——即止

上意須透過止觀定慧，方能見到心體；假如不見心體，豈有止觀定慧的存在。
因此，即形而非形者，向上一著即是「道」；無形而成形者，向下施設即為「器」。

〔註142〕智旭：《周易禪解》卷8，《嘉興藏》冊20，頁458中～下。

「道可成器，器可表道」，即稱之爲「變」；「從道垂器，從器入道」，即稱之爲「通」。若能體悟「道」與「器」本自不二之理，而以此來化導天下之民，便稱之爲「事業」。所謂的「象」，不過是聖人見天下之賾，而形擬諸其形容像其物合宜者。「爻」，則是聖人見天下之動，而觀其會通之道，以行其典禮，一如以繫辭焉來斷其吉凶。因此，「卦」可究極天下之幽深奧妙，「辭」則可鼓天下之動，「變」可盡化裁之功，「通」可極推行之妙。上述妙用之處，終究不是書所能盡言，也不是言語所能盡推其意。唯有透過人的神而明之，才能隱然以成；不必以言語而能使人信服，則僅能憑藉人們的德行。所謂的「德行」，正是體悟乾坤之道而修持定慧，由定慧而徹見自心之易理。由上論述可知，研習易學反推易理，藉以實踐，圓成德性，成就乾道，無始無終，此在儒佛，究其極境，頗有相通之處。

第四節　十乘觀法的核心——「一念三千」與「一心三觀」

「觀心」對於《周易禪解》而言，可說是居於相當重要的核心論題，既然如是重要，又如何去實踐呢？誠如釋性廣所言：

> 智顗重視「心」的覺知能力與涵攝一切法的特性，故說「一念三千」；依此，從能觀之心開始，以「一心三觀」的「觀心」修行，契入即三即一，微妙難思的中道實相觀智。〔註143〕

據上所述，吾人若能對「一念三千」與「一心三觀」有深入而正確的理解，則能掌握天台圓教的核心思想與實踐方法樞紐。本節所論述的內容相當重要，可視爲溯往的延伸討論，並歸證出本論文對智旭《周易禪解》天台思想的關鍵所在。

誠如尤惠貞所言：「繫緣實相法界之義理根據究竟爲何？由智者大師臨終仍爲弟子宣說十如、四不生、十法界、三觀、四悉檀、四諦、六度、十二因緣等一一法門攝一切法，足見此等義理實爲建構天台圓頓教觀不可或缺之內容。」又言：

〔註143〕釋性廣：〈圓頓止觀探微〉，《弘誓月刊》111 期（2011 年 6 月），〈摘要〉，頁6。

綜攝而言，可歸屬爲一心三觀之圓頓觀行，以及如實觀照一念即具十法界一切法而證顯之圓融三諦不思議議境。……依智顗《摩訶止觀》闡釋「正修止觀」之內容而言，其重要之義理不外乎說明依于十法以觀照十境，亦即依于一心三止三觀（即一心即空即假即中之圓頓止觀）以觀照一念即具三千之不思議境，以趣進于不思議圓融三諦之究極境界。所謂依十法觀十境，乃是詳細而具體地就諸境所可能產生之執障與蔽病，一一加以對治、觀照覺了，此即充分顯示圓頓止觀修證必即于現實生命之如實境界，由念念圓伏、圓斷，經由圓聞、圓信、圓行、圓位，而終至以圓功德自在莊嚴，同時以圓力用建立一切眾生。〔註144〕

上語已然揭顯天台圓頓止觀之心要，適足以勾勒要義，助明其旨；尤以「依于一心三止三觀（即一心即空即假即中之圓頓止觀）以觀照一念即具三千之不思議境，以趣進于不思議圓融三諦之究極境界」、「圓頓止觀修證必即于現實生命之如實境界」等語，曲盡天台圓頓止觀的蘊涵，指授核心要義之所在。

一、「一念三千」的意涵

關於「一念三千」與「一心三觀」的「一念」與「一心」之義界，筆者已於本論文第四章「智旭《周易禪解》『現前一念心』思想探微」申明其義，此不再贅述，僅以十乘觀法對所觀十境中的「觀不思議境」之探討爲論述核心，藉以揭顯天台圓教實踐方法的內涵。

天台圓教乃佛陀一代教法之最高層次，以純圓獨妙、教觀雙美著稱，其圓融原理融攝諸根，主張諸法實相爲本來恒有的狀態，不但是迷悟無別、因果不二、舉一全收、眞即是俗、俗即是眞、生死即涅槃、煩惱即菩提，更能當體融攝自在。

十乘觀法的實踐方法，具有循環套路的特性，如同智者大師於《摩訶止觀》卷5：

觀心具十法門：一、觀不可思議境，二、起慈悲心，三、巧安止觀，四、破法遍，五、識通塞，六、修道品，七、對治助開，八、知次位，九、能安忍，十、無法愛也。既自達妙境，即起誓悲他，次作

〔註144〕參見尤惠貞：《天台哲學與佛教實踐》（嘉義：南華大學，1999年），頁49～50。

行填願；願行既巧，破無不遍；遍破之中，精識通塞；令道品進行；又用助開道；道中之位，己、他皆識；安忍內外榮辱；莫著中道法愛。故得疾入菩薩位。譬如昆首羯磨，造得勝堂，不疎不密，間隙容縱；巍巍昂昂，峙於上天，非拙匠所能揆則。又如善畫，圖其匡郭，寫像偪真，骨法精靈，生氣飛動，豈填彩人所能點綴？此十重觀法，橫、豎收束，微妙精巧。初則簡境真僞，中則正助相添，後則安忍無著。意圓法巧，該括周備。規矩初心，將送行者到彼薩雲。非闇證禪師、誦文法師所能知也。蓋由如來積劫之所勤求，道場之所妙悟，身子之所三請，法譬之所三說，正在茲乎。〔註145〕

上開觀心十法門即十乘觀法，十種觀法相資相成，以第一境——觀不可思議境爲終極目標，當達此境之後，九種觀法自然被涵蓋在內，上述文句主要強調吾人欲證觀不可思議境，必須歷劫精進修持，才能證得。

續見《摩訶止觀》卷5闡釋「觀心是不可思議境者」時說道：「此境難說，先明思議境，令不思議境易顯。」又言：

思議法者：小乘亦說心生一切法，謂六道因果，三界輪環。若去凡欣聖，則棄下上出，灰身滅智，乃是有作四諦，蓋思議法也。大乘亦明心生一切法，謂十法界也。若觀心是有，有善有惡。惡則三品，三途因果也；善則三品，脩羅、人、天因果。觀此六品，無常生滅；能觀之心，亦念念不住。又，能觀、所觀，悉是緣生；緣生即空，並是二乘因果法也。若觀此空、有，墮落二邊，沈空滯有，而起大慈悲，入假化物。實無身，假作身；實無空，假說空而化導之，即菩薩因果法也。觀此法能度、所度，皆是中道實相之法，畢竟清淨。誰善、誰惡？誰有、誰無？誰度、誰不度？一切法悉如是，是佛因果法也。此之十法，邐迤淺深，皆從心出。雖是大乘無量四諦所攝，猶是思議之境，非今止觀所觀也。〔註146〕

智者大師的邏輯分析能力相當出色，在析論「觀心不思議境」之前，首先說明「不思議境」的反義——「思議境」，遮遣以語言文字詮解「不思議境」的難處。上述「思議境」的內涵，一言以蔽之，可歸納其論述之內容爲「因果法則」，其中包含了四聖、六凡的十法界之因果法。爲何說因果法爲思議法？

〔註145〕〔隋〕智顗說，灌頂記：《摩訶止觀》卷5，《大正藏》冊46，頁52中。

〔註146〕〔隋〕智顗說，灌頂記：《摩訶止觀》卷5，《大正藏》冊46，頁52中～下。

其理相當淺顯，因爲由因推向果，具有其邏輯演變過程，容易推想而知，故爲可思議的範疇。

智顗以「十乘觀法」中的第一觀「觀心不思議境」，來說明如《摩訶止觀》卷5上言：

> 夫一心具十法界，一法界又具十法界、百法界，一界具三十種世間，百法界即具三千種世間，此三千在一念心，若無心而已，介爾有心即具三千。〔註147〕亦不言一心在前，一切法在後；亦不言一切法在

〔註147〕筆者在研究《周易禪解》與天台圓教思想之關涉時，每每看到「介爾一念心」，總對「介爾」的意義產生困惑，於是遍覽註釋，欲求正解。觀諸丁福保《佛學大辭典》上說：「介爾」，形容極微弱之心也。《止觀》五上曰：「此三千在一念心，若無心而已，介爾有心即具三千。」《輔行》五之三曰：「言介爾者，謂刹那心，無間相續，未曾斷絕。繞一刹那，三千具足。又介爾者，介者弱也，謂細念也。」參見丁福保編：《佛學大辭典》（臺北：新文豐出版公司，1981年），卷上，頁743。案一、吳汝鈞所撰《佛教大辭典》對「介爾陰妄心」詞條則解釋：「『介爾』即極微弱之意。日常所起的心念，一刹那的心念。這是天台宗所言的一念妄心，又稱介爾一念陰妄心、介爾、介爾心。」參見吳汝鈞：《佛教大辭典》（北京：商務印書館，1995年），頁160。）案二、望月信亨主編的《望月佛教大辭典》解釋「介爾」言：「介者，小又弱之意；爾爲助辭。介爾，即至小至微的形容詞。」參見望月信亨主編：《望月佛教大辭典》（東京：世界聖典刊行協會，1954年），頁916中。案三、又見釋聖嚴於《明末佛教研究》所言：「念自佛：即是觀此極微弱極陋劣的介爾現前一念之心，無體無性，橫遍豎窮。具足百界千如種種性相，與三世佛，平等無二。觀至功深力到，圓伏五住，淨於六根，豁破無明，頓入祕藏，即與禪宗諸祖相等。」參見釋聖嚴：《明末佛教研究》，頁179。案四、很明顯地，聖嚴法師將「介爾現前一念之心」比況爲「極微弱極陋劣」，如此的解法，頗有商榷之處。筆者於此處指證湛然對「介爾」的解釋有誤之處，爲歷來文獻所未嘗提及與發現者，由於傳衍了千餘年，以訛傳訛，不以爲意，今作正解，以利學人。〔唐〕毘陵沙門湛然述《止觀輔行傳弘決》卷5對「若無心而已，介爾有心即具三千」詮解爲：「言無心而已者，顯心不無。言介爾者，謂刹那心，無間相續，未曾斷絕，繞一刹那，三千具足。……又介爾者，介者，弱也。《詩》云：「介爾景福」，謂細念也。」參見〔唐〕湛然述：《止觀輔行傳弘決》，《大正藏》冊46，頁295下～296上。）湛然將「介爾」解成二義：①謂刹那心，無間相續，未曾斷絕，繞一刹那，三千具足。②介者，弱也。湛然甚至引了《詩經》中的文句來加以說明，經筆者考證得知湛然引據出自《詩經》中的〈大雅・生民之什・既醉〉：「既醉以酒，既飽以德，君子萬年，介爾景福！既醉以酒，爾殽既將，君子萬年，介爾昭明！」參見〔宋〕朱熹集註：《詩集傳》（北京：中華書局，1978年），頁193。）朱熹解「介爾景福」句義，明言：介、景，皆大也。參見〔宋〕朱熹集註：《詩集傳》（北京：中華書局，1978年），頁152。綜上所述，湛然的引據與詮解失當，此爲明證。

前，一心在後。〔註148〕

以上的語句，若以數學演算式來呈顯其意涵的話，則可書寫成：

$$1 \times 10 \times 10 \times 3 \times 10 = 3000$$

一心×十法界×十法界×十如是×三種世間（五蘊、眾生、國土世間）＝三千諸法並加以解構爲：

1：一念心

10：十法界

10：十法界當中，各個法界有各具十法界

3：三種世間

10：十如是

3000：三千

以下將就上列加以析論，以彰顯智者大師之諸法中道實相思想。

（一）「1：一念心」

此一念心，有時簡稱「一念」或「一心」，或合稱爲「一念心」。就天台圓頓止觀思想而言，「一念心」既是能觀者，也是所觀之境。吾人一心中，含眞妄二心，能所二觀，故能於一念心中，具足三千諸法。智顗：「理即者，一念心即如來藏理。如故即空，藏故即假，理故即中；三智一心中，具不可思議。」〔註149〕此句之意涵，已於第五章第二節詳論過，此處省略不論。《天台四教儀集註·集解·備釋合刊》：「此不思議境，在《止觀》中，具明三境：一、性德境，觀一念心具三千法。二、修德境，推本具心，離四性計。三、化他境，解離四性，無妨四說。蓋即性德，而爲修德，如《輔行》云：其實但推，本具理心。當修德時，而有化他之解，非即說法也。」〔註150〕作爲所

〔註148〕〔隋〕智顗說，灌頂記：《摩訶止觀》卷5，《大正藏》冊46，頁54上。

〔註149〕〔隋〕智顗說，灌頂記：《摩訶止觀》卷1，《大正藏》冊46，頁10中。

〔註150〕釋諦觀著，蒙潤註，從義解，元粹釋，釋慧嶽概說：《天台四教儀集註·集解·備釋合刊》，頁407。另據李志夫編著：《摩訶止觀之研究》上冊所言不可思議境之義有二：「一、心之性德不可思議境：1.釋『法界』名，2.『境』所攝之『法相』：三種世間、十如，3.結成理境。二、修性德不可思議境：1.自行不可思議，2.化他不可思議。此是所思議之心之性德，及修心之性德不可思議。將二者作爲所思之客體言。就『不思議』之語意言，係指超越思維、邏輯、語言、文字之思辨。現代科學家想研究愛因斯坦的心（大腦），究竟有何不同於常人之處，結果僅見其大腦稍大於常人。但是仍不能找出其『智慧存大腦中之何處』。可見心之爲用，或稱之爲智慧是不可思議的。」參見李志夫

觀之境的「一念心」，在解讀上有多種不同的理解，最常見的是將所觀的「一
念心」解爲五蘊（五陰）中的識陰之心，如《摩訶止觀》卷 5 上所言：

> 然界内、外，一切陰入，皆由心起。佛告比丘：一法攝一切法，所
> 謂心是。《論》云：一切世間中，但有名與色，若欲如實觀，但當觀
> 名色。心是惑本，其義如是，若欲觀察，須伐其根，如灸病得穴，
> 今當去丈就尺，去尺就寸，置色等四陰，但觀識陰，識陰者，心是
> 也。〔註151〕

上語是以「觀陰、界、入境」爲中心，說明一切的界内、外與陰、入，都緣
起於心；且心法能攝一切法，藉以證成「十乘觀法」爲具體可行的依據。根
據智者大師的分析，他將現象界的一切統攝爲「名色」與「心」，而五陰（色、
受、想、行、識）當中的「色、受、想、行」四者可歸入「名色」，「識」則
歸屬「心」。

《摩訶止觀》卷 5 有言：

> 第一觀陰入界境者，謂五陰、十二入、十八界也。陰者，陰蓋善法，
> 此就因得名；又陰是積聚，生死重沓，此就果得名。入者，涉入，
> 亦名輪門。界名，界別，亦名性分。……若依《華嚴》云：心如工
> 畫師，畫種種五陰。界内、界外，一切世間中，莫不從心造。世間
> 色心，尚叵窮盡，況復出世！寧可凡心知，凡眼翳尚不見近，那得
> 見遠。彌生曠劫，不觀界内一隅，況復界外邊衣！如渴鹿逐炎，狂
> 狗齧雷，何有得理。縱令解悟小乘，終非大道。〔註152〕

五陰主要是以陰蓋善法及積聚業因而生死輪迴不已得名。五陰爲何可以被當
成境來觀？如《摩訶止觀》卷 5 所言：

> 五陰俱是境，色心外別有觀耶？答：不思議境智，即陰是觀。亦可
> 分別，不善無記陰是境，善五陰是觀。觀既純熟，無惡無無記，唯
> 有善陰。善陰轉成方便陰，方便陰轉成無漏陰，無漏陰轉成法性陰，
> 謂無等等陰，豈非陰外別有觀耶！〔註153〕

　　　編著：《摩訶止觀之研究》，冊上，頁 484。
〔註151〕〔隋〕智顗説，灌頂記：《摩訶止觀》卷 5，《大正藏》冊 46，頁 51 下～52 中。
〔註152〕〔隋〕智顗説，灌頂記：《摩訶止觀》卷 5，《大正藏》冊 46，頁 51 下～52 中。
〔註153〕參見〔隋〕智顗説，灌頂記：《摩訶止觀》卷 5，《大正藏》冊 46，頁 51 中。

上已申明，將「不善」、「無記」這兩種陰當成是境，而以善五陰爲觀。以「不善」陰、「無記」陰爲境，從觀善五陰爲入手，當觀純熟時，進一步將「不善」陰、「無記」陰全轉化成爲「善」陰，然後依「善陰→方便陰→無漏陰→法性陰→無等等陰」之轉化過程，來達到藉由觀吾人的五陰，而體會到心的不可思議。不同的心靈境界，其五陰的內涵，各有不同，具已如經言。〔註154〕

（二）「10：十法界」

根據智者大師對於「法界」的詮解，「法界」具有三種意義：

一、十數是能依，法界是所依，能、所合稱，故言「十法界」。

二、因爲這十法具各各因、各各果，不交相混濫，故言「十法界」。

三、由於此十法，其一一當體皆是法界，所以稱之爲「十時（法）界」。十法界即爲四聖六凡的統稱，何謂四聖？四聖境界即佛、菩薩、聲聞、緣覺；六凡又指涉何者呢？六凡爲與四聖的對比，六凡即指天、人、阿修羅、地獄、餓鬼、畜生。《摩訶止觀》提到「十法界通稱陰、入、界」，其實十法界之中的陰、入、界組成之內涵有所差別，譬如說三惡道是屬於有漏惡的陰、界、入，而三善道則是屬於有漏善的陰、界、入；另外，二乘是無漏的陰、界、入，而菩薩是亦有漏亦無漏的陰、界、入；至於佛則是非有漏非無漏的陰、界、入。〔註155〕

智顗藉「一念三千」來開顯《法華經》諸法實相的核心要義之所在。湛然於《金剛錍》卷1嘗言：

> 客曰：云何三千？余曰：實相必諸法，諸法必十如，十如必十界，十界必身土。又依大經及以大論，立三世界，故有三千。具如《止觀》及《廣記》中。故知，因果凡聖，恒具三千。是故歎云，唯佛與佛乃能究盡。十方世界，稻麻二乘，如恒河沙。不退菩薩，並不

〔註154〕《摩訶止觀》卷5：「一期色心，名果報五陰，平平想受無記五陰。起見起愛者，兩污穢五陰。動身口業，善、惡兩五陰。變化示現工巧五陰。五善根人，方便五陰：證四果者，無漏五陰。如是種種源從心出。」參見〔隋〕智顗說，灌頂記：《摩訶止觀》卷5，《大正藏》冊46，頁52上。

〔註155〕〔隋〕智顗說，灌頂記：《摩訶止觀》卷5，《大正藏》冊46，頁52下。《摩訶止觀》卷5：「十法界通稱陰入界。其實不同。三途是有漏惡陰界入。三善是有漏善陰界入。二乘是無漏陰界入。菩薩是亦有漏亦無漏陰界入。佛是非有漏非無漏陰界入。釋論云。法無上者涅槃是。即非有漏非無漏法也。無量義經云。佛無諸大陰界入者。無前九陰界入也。今言有者有涅槃常住陰界入也。」

能知斯義少分，即指前之七種人也。是故身子三請慇懃，十方三世
諸佛開顯，釋迦仰同無復異趣，大車譬此，宿世示此；壽量久本，
唯證於此；根敗適復，獲記由此。菩薩疑除，損生增道。始初發心，
終訖補處，豈有餘途，並託於此。由前四時，兼但對帶，部非究竟，
故推功《法華》。《涅槃》兼權，意如前說。當知：一乘十觀，即法
華三昧之正體也；普現色身之所依也。正因佛性，由之果用；緣了
行性，由之能顯；性德緣了，所開發也。《涅槃》真伊之所喻也，法
華大車之所至也。諸大乘意，準例可知。子得聞之，可謂久種，勤
而習之，無使焦敗。願未來世，諸佛會中，與子相遇。〔註156〕

知禮亦言：「當知《止觀》一部，即法華三昧之荃蹄；一乘十觀，即法華三昧
之正體；圓頓大乘，究竟於此。」〔註157〕湛然言「一乘十觀，即法華三昧之
正體」與知禮說的「一乘十觀，即法華三昧之正體；圓頓大乘，究竟於此。」
等觀點，實已為十乘觀法作了甚好的說明。〔註158〕

（三）「10：十法界又各具十法界」

《摩訶止觀》卷5：「問：一念具十法界，為作念具？為任運具？答：法
性自爾，非作所成，如一微塵具十方分（云云）。」〔註159〕智旭：「此所謂德
厚而位自尊者也。十法界不出一心，名之為幾。知此妙幾，則上合十方諸佛
本妙覺心，與佛如來同一慈力，故上交不諂；下合十方六道一切眾生，與諸
眾生同一悲仰，故下交不瀆。稱性所起始覺，必能合乎本覺，故為吉之先見。」
〔註160〕

從《摩訶止觀》與智旭對心與十法界之間存在關係的詮解，可得知「十
法界不出一心」及「一念具十法界」之理。然而，為何「十法界又各具十法
界」？智旭於《周易禪解》中引《同人‧象》曰：「天與火，同人，君子以類

〔註156〕〔唐〕湛然述：《金剛錍》，《大正藏》冊46，頁785下。
〔註157〕參見〔宋〕宗曉編：《四明尊者教行錄》卷2，《大正藏》冊46，頁870中。
〔註158〕《妙法蓮華經玄義》卷7：「聖人觀理準則作名，如蛛羅引絲，倣之結網；蓬
　　　　飛獨運依而造車；浮槎汎流而立舟；鳥跡成文而寫字；皆法理而制事耳。今
　　　　蓮華之稱非是假喻，乃是法華法門：法華法門清淨，因果微妙，名此法門為
　　　　蓮華。即是『法華三昧』當體之名。」參見《妙法蓮華經玄義》卷7下，《大
　　　　正藏》冊33，頁771下。
〔註159〕參見〔隋〕智顗說，灌頂記：《摩訶止觀》卷5，《大正藏》冊46，頁51下。
〔註160〕智旭：《周易禪解》卷9，《嘉興藏》冊20，頁460下。

族辨物。」來說明之。根據智旭的解釋:「不有其異,安顯其同?使異者,不失其為異;則同乃得安于大同矣!佛法釋者:如天之與火,同而不同,不同而同。十法界各有其族,各為一物,而惟是一心。一心具足十界,十界互具,便有百界千如之異;而百界千如,究竟原只一心;此同而不同、不同而同之極致也。」〔註161〕智旭指出「一心具足十界,十界互具,便有百界千如之異;而百界千如,究竟原只一心。」十界互具、百界千如已俱顯。

若從天台性具思想的角度而論,由於佛不斷性惡,方得以遊歷十界廣度眾生,而佛以外的九界眾生,在任何時節因緣,若能透過一心三觀契入空、假、中圓融三諦照見諸法實相,則能成就佛果,任何眾生在任何十法界之中,同時也有趣入其他九法界的可能,隨之而升沉流轉,並非僵化地固守一界,為任何眾生的成佛侷限性,擴展為成佛的潛能皆可隨時隨地開顯而成佛,提供了無限的可能性。誠如安藤俊雄所言:

> 所謂的性惡說,乃主張在如來之性中,亦有性惡存在的思想。因此,將惡作修惡與性惡之劃分。修為修治造作義,性為本有不改義。……身為如來自必已斷一般所謂的經驗惡,但其先天秉賦之性惡,卻依然本具存在。唯其先天本具性惡故,乃其於拔度眾生時,方能以其神通力而任意運作,了無窒礙。反之,假設如來並不具性惡者,即如來於拔度眾生時,將處處感到不自在。〔註162〕

又言:「所謂的性惡說,蓋欲促使修行者,皆能了知各自本具性德之三因佛性,是一切自行化他之本而說示的。是以如從《觀音玄義》之旨趣而言,要以人開會為主要目的。易言之,如說一闡提固不能為善,但闡提本具性善,猶可成佛,凡此思想可謂設定性惡法門的根本動機。」〔註163〕

(四)「3:三種世間」

指三種世界。又作三世間。根據《大智度論》卷47〈摩訶衍品〉所言:「能照一切世間三昧者,得是三昧故,能照三種世間;眾生世間,住處世間,五眾世間。」〔註164〕智者大師據《大智度論》所述,而對三種世間作出詮釋,分別為:

〔註161〕智旭:《周易禪解》卷3,《嘉興藏》冊20,頁413中。
〔註162〕安藤俊雄著,蘇榮焜譯:《天台學——根本思想及其展開》,頁197~198。
〔註163〕安藤俊雄著,蘇榮焜譯:《天台學——根本思想及其展開》,頁197~198。
〔註164〕鳩摩羅什譯:《大智度論》卷47,《大正藏》冊25,頁402上。

①五蘊世間

《摩訶止觀》有言：

> 十法界通稱陰入界。其實不同，三途是有漏惡陰界入；三善是有漏善陰界入；二乘是無漏陰界入；菩薩是亦有漏亦無漏陰界入；佛是非有漏非無漏陰界入。……以十種陰界不同故，故名五陰世間也。
>
> 〔註165〕

五蘊世間又作五陰世間，五陰即指色、受、想、行、識，十法界眾生各有五陰、六入、十八界。三惡道為「有漏惡陰界入」，三善道為「有漏善陰界入」，二乘者是「無漏陰界入」，菩薩是「亦有漏亦無漏陰界入」，佛的陰界入則為「非有漏非無漏陰界入」。十界眾生各有不同層次之陰界入，組成了五陰世間。

②國土世間

《摩訶止觀》言：

> 十種所居，通稱國土世間者，地獄依赤鐵住，畜生依地水空住，修羅依海畔海底住，人依地住，天依宮殿住，六度菩薩同人依地住，通教菩薩惑未盡，同人天依住，斷惑盡者，依方便土住，別圓菩薩惑未盡者，同人天方便等住，斷惑盡者依實報土住，如來依常寂光土住。……土土不同故名國土世間也。〔註166〕

國土世間，即器世間，指有情所居之國土，如山河大地等，為所居之依報。不同的心靈境界，有著不同的生存空間，不但六道不同，連天台化法四教的菩薩也因所體悟的諸法實相的不同而有差別，只有如來了悟已諸法實相而依常寂光土住。

③眾生世間

《摩訶止觀》言：

> 攬五陰通稱眾生，眾生不同，攬三途陰罪苦眾生，攬人天陰受樂眾生，攬無漏陰真聖眾生，攬慈悲陰大士眾生，攬常住陰尊極眾生。……況十界眾生寧得不異，故名眾生世間也。〔註167〕

〔註165〕〔隋〕智顗說，灌頂記：《摩訶止觀》卷5，《大正藏》冊46，頁52中。
〔註166〕〔隋〕智顗說，灌頂記：《摩訶止觀》卷5，《大正藏》冊46，頁53上。
〔註167〕〔隋〕智顗說，灌頂記：《摩訶止觀》卷5，《大正藏》冊46，頁52下。

指五陰所成的一切，通稱眾生。眾生世間，爲能居之正報。又作假名世間，於十界、五陰等法之上，假立名字，各各不同，故稱假名世間，譬如：地獄餓鬼畜生三途陰爲罪苦眾生，三善道人天陰爲受樂眾生，無漏解脫陰則爲聲聞緣覺等二種眞聖眾生，而具慈悲陰的度眾特質者爲菩薩眾生，凡是涅槃常住陰者則屬尊極的佛，因爲十法界眾生各個不同，因此稱之爲眾生世間。

綜上所述三種世間的內涵，五陰世間——五陰、十二入、十八界，眾生世間——正報，國土世間——依報，因各個對諸法實相的領悟差別，而有不同的苦樂受報狀況。

（五）「10：十如是」

智者引《妙法蓮華經·方便品》所言：

> 佛所成就第一希有難解之法。唯佛與佛乃能究盡諸法實相，所謂諸法如是相，如是性，如是體，如是力，如是作，如是因，如是緣，如是果，如是報，如是本末究竟等。〔註168〕

吾人藉由諸法的顯現，從外在的形相開始接觸，並理解它的存在狀態樣貌或形狀等（如是相），繼而觀察到它內部的本體結構與內涵（如是體），更進一步了解它的潛在能力與功能（如是力）與所顯現的動作者（如是作），再思索它存在的來源與依據，而得到某事某物存在的主要原因（如是因）、次要原因（如是緣），以及由因、緣和合所生之結果（如是果）與果報（如是報）。經由以上之因緣果，而形成了後世的報果，於「本末究竟等」句中，指涉了開始的相（本）、最終的報（末）皆是平等的（等）。換言之，即以上之從一開始的「如是相」一直到「如是報」，最終皆歸趣於諸法緣起、依因待緣、空無自性的同一實相，而究竟平等，因此說本末究竟等。智者大師將十如是加以發揮，便成了天台思想中的「一念三千」說，更揭顯《法華經》使令眾生皆歸一佛乘的釋迦開示悟入引導眾生皆能成佛的一大事因緣之初衷本懷。茲將「十如是」表列說明如下：

〔註168〕《妙法蓮華經》卷5，《大正藏》冊9，頁5下。

十界＼十法	四趣	人天界	二乘	六度菩薩	通教菩薩	別教菩薩	佛界
如是相	惡相	清升	涅槃	約福德論	約無漏論	約修中道行次第觀而論十法	一切眾生皆菩提即緣因爲佛相
如是性	黑自分性	白法	非白非黑法	約福德論	約無漏論		智願猶在不失即了因爲佛性
如是體	摧折粗惡色心	安樂色心	五分法身	約福德論			自性清淨心即正因爲佛體
如是力	惡功用	堪任善器	能動能出堪任道器	約福德論			初發菩提心超二乘上
如是作	構造經營運動三業建創諸惡	造止行二善	精進勤策				四弘誓願要期
如是因	惡習因	白業	無漏正智	善業			智慧莊嚴
如是緣	惡我我所所有具度	善我我所所有具度	行行助道	煩惱			福德莊嚴
如是果	習果	任運籌善心生	四果	三十四心斷結	無上菩提		
如是報	報果	自然受樂	無報	佛則無報菩薩即具十	六地之前，殘思受報；六地思盡，不受後身，唯九無十	具十法	大般涅槃果亦九亦十
本末究竟等							〔註169〕

　　一念三千的重要思想源流與要義爲何？「觀不思議境」一詞，源自《金光明經・散脂鬼神品》所言的「我見不可思議智定」、「不可思議智聚」、「不可思議智境」等語，見於《涅槃經》、《請觀音經》所說。何謂「不思議境」？藉由觀察吾人的陰妄一念，具三千諸法，所觀察到的狀態與相貌超越了思議分別，因此稱之爲不思議境。湛然大師曾將「觀不思議境」劃分三境來析論，分別爲：

　　①「性德境」，係指上根行人，由觀一念三千不思議而得的止觀成就。易言之，即了悟「一念即三千，三千即一念」之理性本具的觀法。

〔註169〕不同的心靈境界，對於十如是的解讀，自然也有不同的看法，此表的內容主要是根據沈海燕所言。參見沈海燕：《法華玄義探微》，頁130。

②「修德境」，行者若於性德境中，妄生四計執（生起自生計、他生計、離生計、共生計之四執），而自障了悟諸法實相的因緣，此時須速觀捨四計，以去除進入三千實相妙境的障礙，此時作觀去障的觀境，即稱之為修德境。

③「化他境」，當行者在踐履觀行中，不但能遠離四性計，而且能夠積極化他，在觀心工夫的進行上，時對三千諸法的觀境觀照，使悟實相，自度度他，普為隨順眾生根機，名為化他境。〔註170〕此與智旭常言的性德與修德，實有異曲同工之妙。

二、「一心三觀」的實踐方法

在論及一心三觀時，可先從兩個向度去探討：第一、承上所述，聚焦於觀心如何成為可能的依據，以證成此說；第二、析論如何觀心？釐清觀心的工夫為何？依此思路，便能精簡地直探一心三觀的旨趣所在。

徵諸智顗之言：

> 佛家實踐的總內容，可用「觀行與轉依」來加以概括。佛家實踐全程所經的各階段，都和智慧分不開來。像它開始的「勝解」，相繼的「加行」，一概由智慧來指導、推進，乃至最後究竟的「正覺」，也以智慧的圓滿為標準。……這樣由智慧構成的見解所謂「觀」，便始終和「行」聯繫著，並稱為「觀行」。觀行的效果在於內而身心，外而事象（在認識上作為對象的事物），從煩惱的雜染趨向離垢的純淨，又從知見的偏蔽趨向悟解的圓明，隨著觀行開展，提高程度，終至本質上徹底轉變，這便是「轉依」，它又是和觀行密切相關的。所以，現在說「觀行與轉依」，便可概括了佛家實踐的全體內容。
>
> 〔註171〕

據上言，所謂的「觀行」，所指涉的正是包括能觀的心與所觀的境。透過觀行，能提升吾人的智慧與心靈層次，使具雜染的煩惱性趨向純淨的離垢性，以漸次解脫。換言之，掌握了觀行的竅訣，不啻為通往覺證諸法實相的捷徑，而「一心三觀」更是佛法實踐中的翹楚。

〔註170〕參見釋永本釋譯：《天台四教儀》，頁 276。

〔註171〕呂澂：〈觀行與轉依〉，《呂澂佛學論著選集》卷 5（濟南：齊魯書社，1996年），頁 1369～1380。

（一）觀心如何成為實踐進路的可能依據

天台圓教爲何非常注重「觀心」的工夫？「觀心」的依據爲何？透過佛典的引述，可得到觀心確爲實踐進路的可能依據，如《摩訶止觀》卷 1 所言：

> 《華嚴》云：心佛及眾生是三無差別，當知己心具一切佛法矣。〔註172〕

從《華嚴》所言的「心佛及眾生是三無差別」，得知吾人的一念心不但通貫一切眾生與佛的心，而且吾人的心具足一切眾生與佛的心，因此可以以小觀大、推己心及一切眾生心與佛心，觀己心即具足一切佛法，並進而知道一切佛心、眾生心。進一步析論，如《思益》所說：

> 愚於陰、界、入而欲求菩提。陰、界、入即是，離是無菩提。〔註173〕

《思益經》說道愚人想在陰、界、入之中探求眞理，殊不知陰、界、入本身即具足令啓發吾人覺知的眞理，非探索而得；再者，雖如上說，不於陰、界、入中得到對眞理的體會，但是離開陰界入也無法對眞理有所體會。透過如上的兩個重要概念的釐清，智者大師在《摩訶止觀》中續引《維摩詰經》的論述觀點：

> 《淨名》曰：「如來解脱，當於眾生心行中求。眾生即菩提，不可復得；眾生即涅槃，不可復滅。」一心既然，諸心亦爾，一切法亦爾。」
>
> 〔註174〕

《淨名》即《維摩詰經》的另一種稱呼，據《維摩詰經》所主張，一切如來要成就佛果前，莫不由眾生心探究而得，《妙法蓮華經玄義》卷 2 有言：

> 心法者，前所明法，豈得異心？但眾生法太廣，佛法太高，於初學爲難；然心、佛及眾生，是三無別者，但自觀己心則爲易。」《涅槃經》云：「一切眾生，具足三定，上定者，謂佛性也，能觀心性。名爲上定：上能兼下，即攝得眾生法也。」

《華嚴經》云：「遊心法界如虛空，則知諸佛之境界，法界即中也，虛空即空也，心佛即假也；三種即佛境界也，是爲觀心，仍具佛法。」〔註175〕由於「眾生法太廣，佛法太高」，而且心、佛及眾生，三無別者，因此智者於《法華玄義》才明言「但自觀己心則爲易」，易言之，吾人透過觀己心即能通達諸

〔註172〕〔隋〕智顗說，灌頂記：《摩訶止觀》卷 1 下，《大正藏》冊 46，頁 8 上。
〔註173〕〔姚秦〕龜茲國三藏鳩摩羅什譯：《思益梵天所問經》，《大正藏》冊 15，頁 52 中。
〔註174〕〔隋〕智顗說，灌頂記：《摩訶止觀》卷 1 下，《大正藏》冊 46，頁 9 上。
〔註175〕《妙法蓮華經玄義》卷 2，《大正藏》冊 33，頁 696 上。

法實相而了悟自心不思議。上所徵引之經論內容，在在凸顯觀心的重要性，藉由觀心來攝化眾生轉歸佛境，不啻為前所論述的天台六即提供了強而有力的註腳，更強化了六即與六爻間互通的理論觀點。尤以「遊心法界如虛空，則知諸佛之境界，法界即中也，虛空即空也，心佛即假也；三種即佛境界也，是為觀心，仍具佛法。……」之文句，頗具畫龍點睛的效果，令人心領神會之餘，直趨一心三觀之妙諦。

以上所述，三種具（法界即、虛空即、心佛即）即佛境界，因此觀心仍具佛法。又遊心法界者，觀根、塵相對，一念心起，於十界中必屬一界，若屬一界即具百界千法，於一念中悉皆備足，此心猶如擅長魔術的幻師，於一日夜常造種種眾生、種種五陰、種種國土。所謂地獄，假實國土；乃至佛界，假實國土。行人當自選擇，何道可從。又如虛空者，觀心自生心，不須藉緣；藉緣有心。心無生力，心無生力，緣亦無生。心緣各無，合云何有？合尚叵得，離則不生。尚無一生，況有百界千法耶！以心空故，從心所生，一切皆空，此空亦空；若空非空，點空設假；假亦非假，無假無空，畢竟清淨。又復佛境界者，上等佛法，下等眾生法。又心法者，心、佛及眾生，是三無差別，是名心法也。〔註176〕

智者大師《妙法蓮華經玄義》卷2：

> 復次觀心釋：若觀己心不具眾生心、佛心者，是體狹；具者，是體廣。若己心不等佛心，是位下；若等佛心，是位高。若己心、眾生心、佛心，不即空即假即中者，是用短；即空、即假、即中者，是用長。〔註177〕

透過對觀心的簡擇，說明自心體的廣狹與用的長短，遮遣觀己心不具眾生心、佛心者及己心不等佛心而自屈下，以凸顯若觀己心具眾生心、佛心，則此心之體廣；若觀己心、眾生心、佛心即空、即假、即中者，則此心之用長。《妙法蓮華經玄義》卷2又言：

> 復次於一法界通達十法界六即位者，亦是體廣，亦是位高，亦是用長。初約十法界是顯理一，次約五味是約教一〔註178〕，次約觀心是約行一，次約六即是約人一。略示妙義竟。廣說者，先法、次妙。

〔註176〕智顗：《法華玄義》，《大正藏》33冊，頁696上～中。

〔註177〕智顗：《法華玄義》，《大正藏》33冊，頁692下。

〔註178〕智顗又取《涅槃經・聖行品》所云：「『譬如，從牛出乳，從乳出酪，從酪生酥，從生酥出熟酥，從熟酥出醍醐』之喻，而將『五味』配五時……。」參見王邦雄、岑溢成等：《中國哲學史》，冊下，頁405～407。

由於十法界互具，因此在一法界之中，就能夠通達十法界的六即位，若能如此，即稱之為體廣、位高、用長。觀心法之妙，就十法界而言，其理一也；就教相分判而言，雖有五味之分，其妙一也；觀心之行與六即階位，無不具妙理。

智者大師在《妙法蓮華經玄義》裡提到南岳慧思禪師曾列舉了三種法，即：眾生法、佛法、心法。慧思禪師主張，《法華經》為了幫助眾生開、示、悟、入佛的知見，而佛的知見，即蘊藏在眾生之中；慧思解釋說，《法華經》中以父母所生眼稱之為肉眼；能夠徹見內外彌樓山稱之為天眼；若能洞見諸形形色色的事物而無染著，則稱之為慧眼；見到了種種色，無錯謬，便稱之為法眼；吾人雖尚未證得無漏的境界，然而吾人得眼根清淨，若能如此，則僅此一眼，便具足了肉眼、天眼、慧眼、法眼等諸眼用，如此辯稱之為佛眼。此即經中所欲闡明「眾生法妙」之文。慧思禪師進一步徵引《大般涅槃經》所說：「學大乘者，雖有肉眼，名為佛眼；耳、鼻五根，例亦如是。」及《央掘魔羅經》所說：「所謂彼眼根，於諸如來常具足無減，修了了分明見，乃至意根亦如是。」《摩訶般若波羅蜜經》：「六自在王，性清淨故。」又言：「一切法趣眼，是趣不過，眼尚不可得，何況有趣、有非趣，乃至一切法趣意亦如是。」以上所引諸經文，旨在闡明「眾生法妙」。「佛法妙」，可就一切眾生類無法能知曉佛境界的實智妙及無法臆度佛的種種法權智妙來加以說明，佛的權實智，「唯佛與佛，乃能究盡諸法實相」，因此名之為「佛法妙」。

智者大師於《妙法蓮華經玄義》已申明為何要以心來觀心的理由，舉其要言有引自《安樂行》之言，「修攝其心，觀一切法，不動不退；又，一念隨喜等。」又如《普賢觀》云：「我心自空，罪福無主；觀心無心，法不住法；又，心純是法。」《淨名》亦強調「觀身實相，觀佛亦然；諸佛解脫，當於眾生心行中求」之理。換言之，成佛必於眾生心行中求，透過觀心的工夫，才能不斷地提高自己的心靈層次，進而印證《華嚴經》所宣說：「心、佛及眾生是三無差別，破心微塵，出大千經卷，是名心法妙也。」的境界。〔註179〕

（二）觀心的實踐方法

據經典所言，「一心三觀」源自慧文、慧思、智顗擷取《瓔珞經・聖賢學觀品》：「三觀者；從假入空，名二諦觀；從空入假，名平等觀；是二觀方便

〔註179〕〔隋〕智顗說：《妙法蓮華經玄義》，《大正藏》冊33，頁693中。

道，因是二空觀，得入中道第一義諦觀。」〔註180〕的精神，再引用龍樹《大智度論》對「一心三觀」的詮釋，而融會而成圓熟的天台「一心三觀」思想。

為何一心三觀需要藉境來觀？既言以心觀心，何不直接觀心證果，何須待境以觀，而開顯諸法實相？觀諸《摩訶止觀》卷3：

> 《釋論》云：三智在一心中……佛智照空如二乘所見，名一切智；佛智照假如菩薩所見，名道種智；佛智照空假中皆見實相，名一切種智。故言三智，一心中得。故知一心三止所成三眼見不思議三諦。此見從止得故受眼名。一心三觀所成三智知不思議三境，此智從觀得故受智名。境之與諦，左右異耳！見之與知，眼目殊稱，不應別說。今將境來顯智，令三觀易明。用諦來目眼，使三止可解。雖作三說，實是不可思議一法耳！用此一法，眼智得圓頓止觀體也。〔註181〕

《大智度論》闡明「三智在一心中得」之理：

- ①佛智照空——如二乘所見，名一切智；
- ②佛智照假——如菩薩所見，名道種智；
- ③佛智照空假中——皆見實相，名一切種智。

《大智度論》主張：三智（一切智、道種智、一切種智）於一心中得；藉由一心三止所成的三眼，見到了不思議三諦。由於不思議三諦被看見是從止而得，因此以眼來定名。再者，由於一心三觀所成三智，能了知不思議的空、假、中三境，因為此智是從觀而得的緣故，因此以智為名。由上述所說的止、觀與眼、智的對應關係得知：「境」與「諦」，實為一體兩面、不分彼此。所見與能知二者，其實與眼、目的不同稱呼一樣，名稱雖異，但所指涉則同，因此不應說所見的「境」與能知的「諦」有所不同。透過所觀境來開顯智慧，使空、假、中三觀易於明了。用三諦來目眼，使三止可解；然而雖作三說，實為以不可思議一法已涵蓋三諦；若能用此一法，則吾人的眼智即得圓頓止觀之正體。

一心三觀的實踐，係以吾人的心為能觀的心，同時以吾人的心為不思議境為所觀境，如《摩訶止觀》卷5所言：

> 心與緣合，則三種世間，三千相性，皆從心起。一性雖少而不無，無明雖多而不有。何者？指一為多，多非多；指多為一，一非少。

〔註180〕〔後秦〕竺佛念譯：《菩薩瓔珞本業經》，《大正藏》冊24，頁1014中。
〔註181〕〔隋〕智顗說，灌頂記：《摩訶止觀》卷3，《大正藏》冊46，頁26上～中。

故名此心爲不思議境也。若解一心一切心，一切心一心，非一非一切：一陰一切陰，一切陰一陰，非一非一切；一入一切入，一切入一入，非一非一切：一界一切界，一切界一界，非一非一切；一眾生一切眾生，一切眾生一眾生，非一非一切：一國土一切國土，一切國土一國土，非一非一切；一相一切相，一切相一相，非一非一切；乃至一究竟一切究竟，一切究竟一究竟，非一非一切。遍歷一切，皆是不可思議境。若法性、無明合，有一切法陰界入等，即是俗諦；一切界入是一法界，即是眞諦；非一非一切，即是中道第一義諦。如是遍歷一切法，無非不思議三諦（云云）。〔註182〕

不可思議境本非語言、文字所能比況，上述旨在透過「心與緣合，則三種世間，三千相性，皆從心起」來說明世間一切現象皆源自於吾人的心與因緣和合而成，揭顯「無境不顯心」、「境即是心」、「心境不二」之旨；進而析論出一念實具法性、無明的可能，並指出俗諦、眞諦、中道第一義諦，而上述遍歷一切法，則無非是不思議三諦。《摩訶止觀》卷5又言：

若一法一切法，即是因緣所生法，是爲假名，假觀也。若一切法即一法，我說即是空，空觀也。若非一非一切者，即是中道觀。一空一切空，無假、中而不空，總空觀也。一假一切假，無空、中而不假，總假觀也。一中一切中，無空、假而不中，總中觀也。即《中論》所說不可思議一心三觀。歷一切法亦如是。〔註183〕

根據上言，可整理歸納出：

① 假觀：若一法一切法，即是因緣所生法，是爲假名。總假觀：一假一切假，無空、中而不假。

② 空觀：若一切法即一法，我說即是空。總空觀：一空一切空，無假、中而不空。

③ 中觀：若非一非一切者，即是中道觀。總中觀：一中一切中，無空、假而不中。

　　此即《中論》所說的「不可思議一心三觀」的內涵，〔註184〕縱歷一切法亦如是。

〔註182〕〔隋〕智顗說，灌頂記：《摩訶止觀》卷5，《大正藏》冊46，頁55上～下。

〔註183〕〔隋〕智顗說，灌頂記：《摩訶止觀》卷5，《大正藏》冊46，頁55上～下。

〔註184〕《中論》言：「眾因緣生法，我說即是無，亦爲是假名，亦是中道義。未曾有一法，不從因緣生，是故一切法，無不是空者。」參見龍樹造，清目釋，〔後秦〕鳩摩羅什譯：《中論》，《大正藏》冊30，頁33中。

對於上述引言，學者吳汝鈞有著甚為通透的見解，他說道：

> 智顗在這裡分別以「一法」和「一切法」來說空和假名。「一法」代
> 表一切事物的普遍的空的性格，即是空。「一切法」代表經驗存在事
> 物的多樣性，因而是假名。一法和一切法的等同，表示智顗沒有把
> 空和假名各自孤立，而是把它們的意思視為互相承接的，如不以其
> 中一個為參照，則不能正確了解另一個。空和假名的這種關係，讓
> 我們想起《中論》裡所說的空和緣起的關係。以上第一段引文的後
> 半部分很有意思，因為它透露了智顗對空、假名和中道三方面的觀
> 的和諧理解。這種理解包含了一個想法，就是其中任何一方面的觀，
> 必定具備其餘兩方面。即是說，個別的空觀、假觀或中道觀，同時
> 亦是空、假名和中道作為一個統一整體的觀。個別三種觀的差異只
> 在於重點的不同。即是說，空觀強調空，如此類推。基於空、假名
> 和中道的同時照見，這種觀稱為「三觀」。〔註185〕

根據學者吳汝鈞的論述，旨在強調三觀的證成繫乎一瞬間，它並非是有個逐
漸達成的過程，因此才稱之為「一心三觀」。究實而論，此三觀並非各自獨立
存在，因為空、假、中三觀是一時並起的；三觀實際上只有一觀，換言之，
空、假、中三觀是同時起作用而實現。智顗所說的「即空即假即中」，正是指
涉空、假、中三觀的實現，在時間上，是沒有一刹那的間隔。「即」的意義，
正傳示了同時性，或者否定掉時間上的間隔。〔註186〕他又引了《維摩經略疏》
所言：「但以一觀當名，解心皆通。」〔註187〕來加以補充說明論旨。上述諸語，
大抵上已對一心三觀之「即空即假即中」，闡釋得相當周備。

《摩訶止觀》卷5續言：

> 若因緣所生一切法者，即方便隨情，道種權智；若一切法一法，我
> 說即是空，即隨智一切智；若非一非一切，亦名中道義者，即非權
> 非實，一切種智。例上，一權一切權；一實一切實；一切非權非實，
> 遍歷一切是不思議三智也。若隨情，即隨他意語；若隨智，即隨自
> 意語；若非權非實，即非自非他意語。遍歷一切法，無非漸、頓、

〔註185〕吳汝鈞著，陳森田譯：《中道佛性詮釋學——天台與中觀》（臺北：臺灣學生
　　　　書局，2010年），頁210～211。
〔註186〕吳汝鈞著，陳森田譯：《中道佛性詮釋學——天台與中觀》，頁210～211。
〔註187〕〔隋〕智顗說，灌頂記：《維摩經略疏》，《大正藏》，冊38，頁661下～662上。

不定不思議教門也。若解頓，即解心。心尚不可得，云何當有趣、非趣？若解漸，即解一切法趣心。若解不定，即解是趣不過。此等，名異義同：軌則行人，呼爲三法；所照爲三諦；所發爲三觀；觀成爲三智；教他呼爲「三語」；歸宗呼爲「三趣」。得斯意類，一切皆成法門。種種味，勿嫌煩（云云）。〔註188〕

《摩訶止觀》進一步析論，經由觀所得的權實之智，分別是：

①道種權智——若因緣所生一切法者，即方便隨情——隨他意語。

②隨智一切智——若一切法一法，我說即是空——隨自意語。

③非權非實，一切種智——若非一非一切，亦名中道義者——非自非他意語。

智者大師強調：「一權一切權；一實一切實；一切非權非實，遍歷一切是不思議三智也。」「遍歷一切法，無非漸、頓、不定不思議教門也。」隨著吾人的解頓、解漸、解不定，逐知解心，心尚不可得，云何當有趣、非趣？、解一切法趣心、及趣不過之理，舉凡「軌則行人，呼爲三法；所照爲三諦；所發爲三觀；觀成爲三智；教他呼爲『三語』；歸宗呼爲『三趣』」，皆名異義同。若能深體此意，則一色一香無非中道，凡所見聞覺知的一切皆成法門。智者大師告誡吾人對於上述諸言及種種味，切勿生嫌煩之意。《摩訶止觀》對於不思議境界，作了三種譬喻：第一、「如如意珠，天上勝寶，狀如芥粟，有大功能。淨妙五欲，七寶琳琅；非內畜，非外入；不謀前後，不擇多少；不作麁妙，稱意豐儉；降雨穰穰，不添不盡。蓋是色法，尚能如此，況心神靈妙，寧不具一切法耶？」第二、「又，三毒惑心，一念心起，尚復身、邊、利、鈍八十八使，〔註189〕乃至八萬四千煩惱。若言先有，那忽待緣？若言本無，緣對即應，不有不無，定有即邪，定無即妄。當知有而不有，不有而有。惑心尚爾，況不思議一心耶？」第三、「又如眠夢，見百千萬事；豁寤無一，況復百千？未眠，不夢，不覺，不多、不一。眠力，故謂多；覺力，故謂少。

〔註188〕〔隋〕智顗說，灌頂記：《摩訶止觀》卷5，《大正藏》冊46，頁55上～下。

〔註189〕使，煩惱的異名，世間的公差，常隨逐犯人，而繫縛之。煩惱亦如是，常隨逐犯行人，繫縛之，使不得出離三界，不得自在。九十八使，又稱九十八隨眠，使又稱隨眠，是煩惱的異名。三界的見惑有八十八使，思惑（修惑）有十使，合共是九十八使。青目《中論釋》：「諸煩惱者，名爲三毒，分別有九十八使、九結、十纏、六垢等無量諸煩惱。」參見吳汝鈞：《佛教大辭典》（北京：商務印書館，1995年），頁308a、36b。

莊周夢爲蝴蝶，翩翔百年；寤知非蝶，亦非積歲。無明法法性，一心一切心；如彼昏眠，達無明即法性，一切心一心；如彼醒寤（云云）。又，行安樂行人，一眠夢；初發心；乃至作佛、坐道場、轉法輪、度眾生、入涅槃。豁寤，祇是一夢事。」智者大師透過上述三喻，作出結語說道：「若信三喻，則信一心，非口所宣，非情所測。此不思議境，何法不收？此境發智，何智不發？依此境發誓，乃至無法愛，何誓不具？何行不滿足耶？說時，如上次第；行時，一心中具一切心（云云）。」〔註190〕不思議境豈能以語言、文字指涉，引述諸言，無非是透過智者大師金口所宣說的法語，導引吾人體會不思議境界，運用於日常生活之中，不斷地透過觀心活動，來提升吾人的心靈層次，日久功深，成就有望。下續引述《摩訶止觀》直指一心三觀的內蘊，作爲本小節的結語。

《摩訶止觀》卷1有言：

一念心起，即空、即假、即中者，若根、若塵，並是法界，並是畢竟空，並是如來藏，並是中道。云何即空？並從緣生，緣生即無主，無主即空。云何即假？無主而生，即是假。云何即中？不出法性，並皆即中。當知一念即空、即假、即中，並畢竟空，並如來藏，並實相。非三而三，三而不三。非合、非散、而合而散、非非合、非非散。不可一、異、而一異。譬如明鏡，明喻即空：像喻即假；鏡喻即中。不合、不散，合、散宛然；不一、二、三，二、三無妨。此一念心，不縱、不橫，不可思議。非但己爾，佛及眾生亦復如是。

《華嚴》云：「心佛及眾生是三無差別，當知己心具一切佛法矣！」〔註191〕

當吾人的一念心起，舉凡所對應到的根、塵，以及法界，皆爲畢竟空、如來藏、中道，即空、假、中三諦。臚列分析如下：

- ①即空——皆從因緣而生，緣生即無主，無主即空。
- ②即假——無主而生，即是假。
- ③即中——不出法性，並皆即中

當知吾人現前一念即空、即假、即中，畢竟空、如來藏、實相，三者皆共同指涉「諸法實相」；易言之，可以諸法實相指稱畢竟空、如來藏、實相。

〔註190〕〔隋〕智顗說，灌頂記：《摩訶止觀》卷5，《大正藏》冊46，頁55上～下。
〔註191〕〔隋〕智顗說，灌頂記：《摩訶止觀》卷1下，《大正藏》冊46，頁8下～9上。

「即空、即假、即中」三者，「非三而三，三而不三。非合、非散、而合而散、非非合、非非散。不可一、異、而一異。」《摩訶止觀》舉明鏡爲例來說明，以鏡子明亮時，比喻即空之狀態：藉人物所呈顯的像，被比喻即假之狀態；鏡子本身，指是如實呈現它自己，物來則應，物去不留，具諸法實相之特質，因此被比喻爲即中之狀態。鏡喻既明，「不合、不散，合、散宛然；不一、二、三，二、三無妨。此一念心，不縱、不橫，不可思議。非但己爾，佛及眾生亦復如是。」亦將隨之法義朗現。上引歸證於《華嚴》所云：「心、佛及眾生是三無差別，當知己心具一切佛法矣！」

　　透過上述的充分討論，已得知吾人的心念在一念心之中具有「即空即假即中」的三諦圓融特性，至於吾人心念的生滅的狀態，則可由智顗對「四運推檢」觀心的解說得其精要。

　　《周易禪解》有言：

　　震，亨。震來虩虩。笑言啞啞。震驚百里。不喪匕鬯。

　　主重器者莫若長子，長子未有不奮動以出者也。故震則必亨。然其亨也，必有道以致之。方其初動而來，虩虩乎，如蠅虎之周環顧慮。仍不失其和，而笑言啞啞。夫惟存于己者既嚴且和，以此守重器而爲祭主，縱遇震驚百里之大變，能不喪其匕鬯矣。

　　佛法釋者：一念初動，即以四性四運而推簡之，名爲虩虩。知其無性無生，名爲笑言啞啞。煩惱業境種種魔事橫發，名爲震驚百里。不失定慧方便，名爲不喪匕鬯也。〔註192〕

「虩虩」爲「恐懼貌」。王弼注：「震之爲義，威至而後乃懼也。故曰，震來虩虩，恐懼之貌也。」；又有一說，「虩虩」是壁虎，但仍然引申爲恐懼貌。「啞啞」爲笑聲。「匕」爲匙，「鬯」即黍米酒，浸泡鬱金草，灑在地土，用馨香之氣迎神。當雷鳴響亮之際，令人恐懼不已，待雷震一過，便各個相視而笑，恢復平日的情景。意謂著：只要能夠慎重謹慎，幸福指日可待。當雷聲震驚百里時，主持祭祀者卻精誠專一，彷彿沒聽見雷聲，持續使用著匕匙取酒奉獻神靈，神態舉止依舊祥和，而不爲所動。若能以嚴謹平和的態度來從事祭祀，如此便能繼承大統出任祭主，來守護宗廟社稷之重器。智旭在「佛法釋」的部分，將吾人一念初動之際，即以四性四運而推理簡擇心念，名之爲「虩

號」，其意爲恐懼的樣子。一旦經過「四運推檢」的觀心過程，知道吾人的心念根源爲無性無生，此時便法喜充滿而啞啞地笑。對於能夠干擾吾人一念天君的煩惱、業境等種種的魔事橫發，便名爲震驚百里。若能不失定慧方便，則名之爲不喪匕鬯（ㄔㄤˋ）。

《摩訶止觀》卷2有言：

> 初明四運者：夫心識無形，不可見；約四相分別，謂：未念、欲念、念、念已。未念，名心未起；欲念，名心欲起；念，名正緣境住；念已，名緣境謝。若能了達此四，即入一相無相。〔註193〕

根據上引經言，心識雖然無形無相，既不可捉摸，亦無從見聞，但吾人透過智顗的分析，即可知吾人心念的推移變化的情狀；換言之，所謂的四運，即是描述心念的四種狀態：

　①未念——心未起——指吾人心念未起之際。
　②欲念——心欲起——指吾人心念將起之際。
　③念——正緣境住——指吾人正對所緣境生起念頭之際。
　④念已——緣境謝——指吾人對所緣境曾生起的念頭已逝去之際。

智顗爲了詮解「四運推檢」之旨，權設數問，採自問自答的方式解析。首先，第一問：「未念、未起，已念、已謝，此二皆無心，無心則無相，云何可觀？」智顗答道：「未念雖未起，非畢竟無。如人未作作，後便作作；不可以未作作故，便言無人。若定無人，後誰作作？以有未作作人，則將有作作。心亦如是：因未念故，得有欲念；若無未念，何得有欲念？是故未念雖未有，不得畢竟無念也。念已雖滅，亦可觀察。如人作竟，不得言無；若定無人，前誰作作？念已心滅，亦復如是，不得言永滅；若永滅者，則是斷見，無因無果。是故念已雖滅，亦可得觀。」智顗在一問一答之中，言簡意賅，解消了群疑。

智顗續上再設問：「過去已去，未來未至，現在不住；若離三世，則無別心，觀何等心？」答：

> 汝問非也。若過去永滅，畢竟不可知；未來未起，不可知；現在無住，不可知，云何諸聖人知三世心？鬼神尚知自、他三世，云何佛法行人，起斷滅，龜毛、兔角見。當知三世心雖無定實，亦可得知。

〔註193〕〔隋〕智顗說，灌頂記：《摩訶止觀》卷2上，《大正藏》冊46，頁15中～下。

故偈云：『諸佛之所說，雖空亦不斷，相續亦不常，罪福亦不失。』

若起斷滅，如盲對色，於佛法中無正觀眼，空無所獲。行者既知心

有四相。隨心所起善惡諸念。以無住著智反照觀察也。〔註194〕

上述諸語，以智顗所引「諸佛之所說，雖空亦不斷，相續亦不常，罪福亦不失」之偈語，最爲重要，不但遮遣了執於空、有兩邊之見，亦彰顯了中道實相之旨。既明「四運推檢」，於一切時中，能於所觀境以一心三觀空假中圓融三諦，則能領略並體證圓頓止觀心要。

三、直闡「易念三千」──「易即不思議心」之會通

承上所述，了知吾人心性之妙，可藉對於一念三千之眞理觀的認識，進而透過修持一心三觀而盡達諸法實相。智旭《周易禪解》中，除了揭顯上意之外，更對於《易》之生化本源與順逆造化之理，剖析甚爲精當，如其所言：

吾人自無始以來，迷性命而順生死。所以從一生二，從二生四。乃

至萬有之不同。今聖人作《易》，將以逆生死流，而順性命之理。是

以即彼自心妄現之天，立其道曰陰與陽。可見天不偏于陽，還具易

之全理。所謂隨緣不變也，即彼自心妄現之地，立其道曰柔與剛。

可見地不偏于柔，亦具易之全理，亦隨緣不變也。即彼自心妄計之

人，立其道曰仁與義。仁則同地，義則同天。可見人非天地所生，

亦具《易》之全理，而隨緣常不變也。〔註195〕

上言道破吾人生死輪迴之因，不但對於生命的本源缺乏正確的認識，更常迷失自心，妄作妄爲，不知性命根源而昏眩於生死洪流之中。聖人作《易》，假吾人自心之所妄現而權立天道爲陰陽、地道爲剛柔、人道爲仁義，直指吾人自心的變化不實，師法三才之道，還皈性命本源，縱令吾人非天地所生，然亦具《易》之全理。

《周易禪解》上說：

天具地人之兩，地具天人之兩，人具天地之兩。故《易》書中以六

畫成卦而表示之。于陰陽中又分陰陽，于柔剛中互用柔剛。故《易》

書中以六位成章而昭顯之也。何謂六位成章？謂天地以定其位，則

〔註194〕案：以上的兩段問答的原典，參見〔隋〕智顗說，灌頂記：《摩訶止觀》卷2
上，《大正藏》冊46，頁15中～下。

〔註195〕智旭：《周易禪解》卷9，《嘉興藏》冊20，頁463中。

　　凡陽皆屬天，凡陰皆屬地矣。然山澤未始不通氣，雷風未始不相薄。
　　水火相反，而又未始相射也。是以八卦相錯，而世間文章成矣。即
　　此八卦相錯之文章若從其從一生二，從二生四，從四生八之往事者，
　　則是順生死流。若知其八止是四，四止是二，二止是一，一本無一
　　之來事者，則是逆生死流。逆生死流，則是順性命理。是故作《易》
　　之本意，其妙在逆數也。謂起震至乾，乾惟一陽，即表反本還源之
　　象耳。〔註196〕

智旭所言，無非陰陽五行八卦的生化法則，太極本吾人本具如如之佛性，然
因一念無明而織就幻化生命的繭網以自縛，於是陷入了二元對立的陰陽概念
之中，進而因四時的變化生起時間概念與受乾坤陰陽二炁交感而生乾、兌、
離、震、巽、坎、艮、坤的方位概念，此為順生；若能逆知本源為八卦（8）、
四象（4）、陰陽（2）、太極（1），則能領悟天台思想中「一念無明法性心」
之奧旨，就路還家，盡皈吾人心性之本源。

　　上理已明，又如何進道？《周易禪解》有言：「欲居尊位，莫若培德。欲
作大謀，莫若拓知。欲任重事，莫若充力。德是法身，知是般若，力是解脫。
三者缺一，決不可以自利利他。」〔註197〕又言，「子曰：知幾其神乎？……君
子知微知彰，知柔知剛，萬夫之望。」〔註198〕上述諸語，歸結於「十法界不
出一心」之理，唯有謙謙君子知此妙幾，若能掌握陰陽樞要，則能盡得法身
之德、般若之知，解脫之力，而上合十方諸佛本妙覺心，與佛如來同一慈力；
下合十方六道一切眾生，與諸眾生同一悲仰。「稱性所起始覺，必能合乎本覺，
故為吉之先見。」〔註199〕

　　智旭《周易禪解》：「《易》，無思也。無為也。寂然不動。感而遂通天下
之故。非天下之至神，其孰能與於此！夫易雖至精至變，豈有思慮作為于其
間哉！惟其寂然不動，所以感而遂通。誠能于觀象玩辭觀變玩占之中，而契
合其無思無為之妙。則易之至神，遂為我之至神矣！」〔註200〕由此而觀，《易》
書不啻為聖人極深研幾之作，假若吾人能研極至深，則至精者盡萃吾身，必

〔註196〕智旭：《周易禪解》卷9，《嘉興藏》冊20，頁463中。
〔註197〕智旭：《周易禪解》卷9，《嘉興藏》冊20，頁460下。
〔註198〕智旭：《周易禪解》卷9，《嘉興藏》冊20，頁460下。
〔註199〕智旭：《周易禪解》卷9，《嘉興藏》冊20，頁460下。
〔註200〕智旭：《周易禪解》卷8，《嘉興藏》冊20，頁457上。

能通天下之志。又，假若吾人能研求妙幾，則至變之策盡歸吾人的掌握之中，遂能成就利益天下之大務。進而言之，假若吾人能從極深研幾處了悟《易》書所指涉的吾人「無思無爲寂然不二之體」，則操至神者，盡其在我，因此能夠不疾而速、不行而至，還歸吾人不思議心之妙用。職是之故，聖人之道已全寄詮于《易》書中，今人若有讀《易》而不知聖人之道者，與捨醇醲之味而趨糟粕者，有何不同之處。〔註201〕

智顗《妙法蓮華經玄義》卷5有言：

> 若人宿殖深厚，或值善知識，或從經卷，圓聞妙理，謂一法一切法，一切法一法，非一非一切，不可思議，如前所說，起圓信解，信一心中具十法界，如一微塵有大千經卷。欲開此心，而修圓行。圓行者，一行一切行。略言爲十：謂識一念，平等具足，不可思議。傷己昏沈，慈及一切。又知此心常寂常照。用寂照心，破一切法，即空、即假、即中。又識一心、諸心，若通、若塞。能於此心具足道品，向菩提路。又解此心正、助之法。又識己，心及凡聖心。又安心不動、不墮、不退、不散。雖識一心無量功德，不生染著，十首成就。舉要言之，其心念念悉與諸波羅蜜相應，是名圓教初隨喜品位。行者圓信始生，善須將養。若涉事紛動，令道芽破敗。唯得內修理觀，外則受持、讀誦大乘經典，聞有助觀之力。內外相藉，圓信轉明，十心堅固。〔註202〕

若將智旭《周易禪解》上語對顯智顗《妙法蓮華經玄義》所論，其理一也。吾人若能生起圓信解，相信吾人的一心之中具十法界，則有如一微塵之中即有大千經卷般。縱知妙理，亦賴行持以開顯，因此能修圓行者，一行一切行。圓行之內涵即十乘觀法的修持內涵：①觀不思議境：識一念，平等具足，不可思議。②眞正發菩提心：傷己昏沈，慈及一切。③善巧安心：又知此心常寂常照。④破法遍：用寂照心，破一切法，即空、即假、即中。⑤識通塞：又識一心、諸心，若通、若塞。⑥道品調適：能於此心具足道品，向菩提路。⑦對治助開：又解此心正、助之法。⑧知次位：又識己心及凡聖心。⑨能安忍：又安心不動、不墮、不退、不散。⑩無法愛：雖識一心無量功德，不生

〔註201〕《周易禪解》：「夫《易》，聖人之所以極深而研幾也。唯深也，故能通天下之志。唯幾也，故能成天下之務。唯神也，故不疾而速，不行而至。子曰『易有聖人之道四焉』者，此之謂也。」參見智旭：《周易禪解》卷8，《嘉興藏》冊20，頁457中。

〔註202〕《妙法蓮華經玄義》卷5，《大正藏》冊33，頁733上～中。

染著。綜上所述，若吾人的心能念念悉與諸波羅蜜相應，即名之爲「圓教初隨喜品位」。當行者圓信開始生起之際，善須保持養護此圓信之心。倘若涉事紛動，則易令道芽破敗。若能於內修理觀，於外受持、讀誦大乘經典，或聽聞到對吾人有的觀行功力有幫助的話；使得內外相藉，讓圓信之心轉增明著，使得十心能更爲堅固，得以進入十信階位，循十信、十住、十行、十迴向、十地、等覺、妙覺等七重階位，而領略、體證諸法實相。

續上論，《周易禪解》亦言：

> 上云生生之謂易，指本性易理言也。依易理作易書，故易書則同理性之廣大矣。言遠不御，雖六合之外，可以一理而通知也。邇靜而正，曾不離我現前一念心性也。天地之間則備，所謂徹乎遠邇，該乎事理，統乎凡聖者也。易書不出乾坤，乾坤各有動靜，動靜無非法界，故得大生廣生而配于天地。既有動靜，便有變通以配四時。隨其動靜，便爲陰陽以配日月。乾易坤簡以配至德，是知天人性修境觀因果無不具在易書中矣。〔註203〕

> 約觀心者，一念發心爲帝，一切諸心心所隨之。乃至三千性相，百界千如，無不隨現前一念之心而出入也。〔註204〕

易理既在天而天，在地而地，在人而人。是故隨所居處無非《易》之次序，只須隨位而安。只此所安之位，雖僅六十四卦中之一位，便是全體三極，全體易理，不須更向外求。而就此一位中，具足無量無邊變化，統攝三百八十四種爻辭，無有不盡，此即「可樂而玩」之意。平日善能樂玩，因此隨著動態皆暗合易理。縱使值遇變故，吾人的心神能長久保持不散亂，而自能趨吉避凶。此此無它，實因自心契合於天理，因此冥冥之中受到天理之所陰祐，豈能存著僥倖的心態，想要藉著術數來扭轉命運。

智旭《周易禪解》有言：「善讀《易》者，初但循其卦爻之辭，而深度其所示之法。雖云不可爲典要，實有一定不易之典常也。然苟非其人，安能讀《易》即悟易理，全以易理而爲躬行實踐自利利他之妙行哉！」〔註205〕又言：「趨吉避凶裁成輔相于天地者。則其權獨歸于學易之君子矣。」〔註206〕上述諸言，可說究極《易》道，窮盡易理，足式天下。若能寶而懷之，勤加研究，真理朗然現前。

〔註203〕智旭：《周易禪解》卷8，《嘉興藏》冊20，頁454下。

〔註204〕智旭：《周易禪解》卷9，《嘉興藏》冊20，頁463下。

〔註205〕智旭：《周易禪解》卷9，《嘉興藏》冊20，頁461下。

〔註206〕智旭：《周易禪解》卷9，《嘉興藏》冊20，頁460下。

第七章　結　論

　　本論文共分成七章，全篇論文大致上分爲三大部分論述：第一、主要是探討智旭生平、著作與《周易禪解》之結構，以及對《周易禪解》之引據與時代背景、思想源流的考證。第二、則就智旭「現前一念心」的思想加以探微，解明先秦以降至明末的心性思想脈絡，以及探討「現前一念心」與中國佛教心性思想的關涉，作爲通前達後、貫串本論文的最爲核心部分。第三、透過《周易禪解》中關涉到天台圓教六即思想的眞理觀部分，詮釋其義理；此外，則就《周易禪解》中關涉到天台圓教十乘觀法思想的方法論範疇，深究其蘊涵。貫通智旭以其獨創的「現前一念心」思想爲經、眞理觀（「天台圓教六即思想」）及方法論（「天台圓教十乘觀法」）等爲緯的詮釋進路與內涵之微言大義。

　　智旭乃不世出之佛學集大成者，他不僅閱藏已知津，更將其一生的實踐方法與經典融合致用，使得明末奄奄一息的佛教命脈得以續存，功居厥偉。《周易》與佛學，堪稱是世界上最難搞懂的兩門學問，其共同點爲：易學難精、博大精深，欲冶《周易》與佛學於一爐，豈爲易事。在足足兩年的研究撰寫過程中，遇上了不少瓶頸待突破，所幸在一開始即掌握了研究路徑與要領，才不至於迷失於研究叢林之中。

　　以下所要談的研究成果與創見，植基於研究方向的確立與掌握，那就是：以智旭現前一念心爲經、天台圓教六即的眞理觀與天台圓教十乘觀法的方法論等爲緯的詮釋進路與內涵。論文整體，基本上爲上揭進路之呈現，本論文雖以智旭《周易禪解》的研究爲主，然而因其旁涉甚廣，幾與印度及中國的思想有相當大的關涉面，因此透過《靈峰宗論》、《教觀綱宗》、《摩訶止觀》、

《藕益大師全集》及相關研究成果的杷梳之助，方得以持續進行研究；正因本論文的研究具有多面向，爲能貫串各章論述重點，筆者採經緯分明的方式，結證「易即吾人不思議之心體」，爲《周易禪解》之義理核心所在。

第一節　研究成果──《周易禪解》掌中觀

《周易禪解》爲中國歷代試圖以佛法思想精蘊來詮釋《易經》的僅有專著，不但紹繼伏羲、文王、周公、孔子四聖心法，融儒、佛義理於一爐，且究天人之際，發心性之妙，實爲把握智旭之全體思想的良好憑藉。

綜觀當代《周易禪解》的研究，或從現代哲學角度探討佛學易，或僅見「現前一念心」便以此爲智旭之思想全貌，對於肇自智者大師判教後確立吾人對心靈層次賴以正確認識之眞理觀及邁向體證眞理的實踐方法論，眞理觀與方法論間相資相成的向度予以忽略；或進一步發現智旭廣引天台義理詮釋《易經》而未能深入探討。凡此種種皆顯示研究者普遍對智旭儒佛融通及天台義理存在著見樹不見林的研究不足之處；本論文之撰述，正可補足上述缺憾，而達到見樹又見林的境界，更闡明了智旭《周易禪解》的思想精蘊。

以下將上述各章的論述重點，依智旭思想形成的源頭活水脈絡及其闡釋《周易》的經緯，綜述本論文之論述要義：

一、爲有源頭活水來──智旭《周易禪解》引據與思想探源

（一）智旭《周易禪解》引據

無古不成今，舉凡學術必有所本，作者所引用的資料，往往反映了作者本人的思想傾向與立論之所據。本論文透過《周易禪解》的引據來源，並考察其說之出處，加以整理、分析，藉以討論智旭對所援引的引據所作的詮釋模式與內涵；順此即可獲知其立論的源流，並得以瞭解其立論的轉折與簡別之過程，反映出智旭對於某家思想的認同與支持。

對《周易禪解》所引諸家論述進行考證，歷來《周易禪解》的研究者對此節的論述內容付之闕如，或有探討亦未盡完善，由於考察不易，益顯其珍貴。根據本論文的研究發現，《周易禪解》除了引用儒家的孔子、孟子、《四書》之外，廣爲援引了漢、宋、明歷代諸家之說，計有：漢代以荀爽爲主的《九家易》、京氏（京房），及宋代的蘇眉山（《東坡易傳》）、楊龜山（時）、

溫陵郭氏（雍）、張九成（子韶）、楊慈湖（《楊氏易傳》）、楊萬里（字誠齋，撰有《誠齋易傳》）、項氏（安世）、吳幼清（字澄，後人尊稱草廬先生）、俞玉吾（琰），和明代的王陽明、李贄（卓吾）、洪覺山、洪化昭、孫聞斯（愼行）、錢啓新、李衷一、潘士藻（號雪松，撰《讀易述》等）、張振淵（撰《周易說統》）、鄭孩如、陸庸成、張愼甫（撰著《易解》）、馮文所、季彭己、陳旻昭、陳非白等二十七家之說，詳見本論文第 57 至 66 頁。智旭取諸家易學思想之長，再以禪詮解，實已該羅歷代易學菁華。智旭引據，具有五大特點，詳見本論文第 66 至 67 頁。

（二）《周易禪解》成書的時代背景有三：

其一、《周易禪解》思想淵源自禪宗與其義理核心——智旭基於對佛法的融通無礙，他提出了與禪宗不立文字以入理證悟有關的現前一念心性之說，此爲智旭融攝多家思想後的精華與洞見之展現。其二、私淑天台以救禪——強調儒重篤行盡心以知性，而佛則實修觀心、以達見性明心爲指歸，兩者皆注重觀心的實踐方法。在在揭舉觀心的重要性，離開了觀心的實踐，必然於禪修上一無所獲。其三、儒佛會通之契機——從東漢「以易理解佛」到隋唐「以佛理解易」，乃至宋、明以來「易與佛互證」，易佛交涉由來已久，而明末可說是儒、佛間互涉甚深的時代，佛家爲了弘傳佛法，在鑽研內典之餘亦旁涉有外學之稱的儒典；儒家輒採佛法的論述觀點，以擴大其義理層次的深度與廣度，並將之納爲「心學」的範疇；儒、佛間相資相成，蔚爲時代潮流。

二、「經」——「現前一念心」

智旭主張，若能掌握現前一念心則於自行化他上無往不利，亦能貫通三藏十二部，使之互融互攝而無礙，於成聖成賢上助通六經，於成佛上能通達諸宗要義，終歸禪淨合一而卓絕千古。現前一念心實乃解一切佛法的總持金鑰，亦是《周易禪解》的詮釋捷徑中之捷徑。

（一）以「現前一念心」會通儒、佛二家的成為可能的依據

1. 儒、佛二家「心性說」的源流與特點：智旭以《易經》具交易、變易的特色，與他於《大乘起信論裂網疏》所說的「不變隨緣，隨緣不變，互具互造，互入互融」[註1]之義理相會通，此爲以特色相近而加以比

〔註1〕參見〔明〕智旭撰：《大乘起信論裂網疏》，《大正藏》冊 44，頁 423 上～中。

附的說法；事實上，進而言之，更因《易經》與十方縱橫的森羅萬象相即的特色，而令事物具有無限的可能性，立基於此觀點，《易經》所闡述的精神與佛法的教義中所強調的無限可能性更加貼近，無論是天台圓教或華嚴宗引《大乘起信論》的「不變隨緣，隨緣不變」之義理皆然，因此智旭以佛闡易的立場相當穩固，其理甚明。

2. 在儒家早有以心性解《易》的先例：《易》之為書，廣大悉備，聖人之為教，精粗本末兼該，心性之理未嘗不蘊《易》中」，已充分說明瞭為何可以心性之理來詮釋《易》，可從三方面來說：其一，《易》包羅宇宙一切事物，「心性」自然被包括涵蓋其中。其二，依陸九淵的本心之說，宇宙一切森羅萬象皆為吾心之所化，《易》自亦成為吾心之注腳，吾心無有始終與邊際，而以心學旨趣來詮解《易》，又有何不可之處？其三，如前述二論點得知，心與《易》皆具有與諸法相即的特徵；因此，以心解易或以易解心，為圓詮心性之學方法論的可行進路，甚為諦當，殆無疑義。換言之，「心即是《易》、《易》即是心，心不異《易》，《易》不異心」。智旭以心性闡《易經》，良有以也，實循著楊簡以心性說《易》的腳步，再以天台圓教注重禪觀修證的進路提升方法論上的詮釋，賦與《易》新生命，實則亦提升一切有情的心靈層次。

3. 智旭以「現前一念心」會通儒、佛二家的直接因素：明末王陽明主張，儒、佛之間，應歸理於天地萬物，而歸明覺於吾心，如此一來，則化解了彼此間的鴻溝與歧見。如上述，在明末，禪學與心學時常被相提並論，可見一斑。智旭在闡釋《易經》時，亦嘗對心學做詮釋，如約秉教進修解大有卦時言：「九二秉增上心學。故於禪中具一切法而不敗。」此處已嘗試以心學與禪學作對比來加以詮釋。

（二）智旭「現前一念心」的精華所在

「現前一念心」具有三義：一、剎那變異的妄念心，二、在極為短暫的時間生滅，三、具有遍在性。除此之外，智旭更具體地對現前一念心提出說明。他說，透過觀照「現前一念心」的真諦，才能使慈悲與智慧恒相感應。

「現前一念心性」為思想核心綱要，《周易禪解》思想淵源直承禪宗，禪宗與教門的宗旨，都是令人了悟諸法空如無自性的道理，而其義理詮釋係以「現前一念心性」為核心，透過真理觀──「天台圓教六即思想」與方法論──「天台圓教十乘觀法」闡明其義。

　　以現前一念心爲哲學思想基礎，統攝《周易》整體，作爲詮釋的立足點。運用天台六即思想及十乘觀法詮釋《周易》「現前一念心」之殊妙與實踐進路。透過天台圓教止觀與儒家思想的對顯，彰顯佛教思想之深邃。達到以禪誘儒與引儒入禪之著書目的。消弭儒佛對立，功參造化。

　　智旭認爲易理即一切有情的本源佛性，非待天命賦與才有。執地、水、火、風四大爲自身，將六塵幻影看成自心，因此未能領悟易即吾人的心性。易即太極即心性之說，散見《周易禪解》所言：「陰陽皆本於太極，則本一體。」「天地不同，而同一太極。」「乾坤全體太極，則屯亦全體太極也。」等語。智旭明顯以「現前一念心」來解易卦，將乾坤、天地、天、水、屯皆解爲易即太極即心性，混融一體，直闡易鑰。

　　智旭將「法性」等同「第一義天」，又常將乾爲天解爲佛性，而在有情了悟法性眞詮時即得佛性，具無可變遷之義。智旭援引了相當多的天台圓教義理來闡釋《周易禪解》，對於現前一念心中的「法性」義，散見於《周易禪解》各處，共有十五處之多，以無住本立一切法，吾人性具「一念無明法性心」，在無量的「現前一念心」對法性作如實的觀照、了悟交織下，心、佛、眾生本具此眞如法性，不必去斷除無明、不必去隔斷尚未究竟成佛的九界眾生，無明即法性、法性即無明；再據此天台「不斷斷」心法，除去對所觀境錯誤的認識所產生的「病」，重新對法性的內涵加以正確認知，而不必將法性去除才能得到解脫，即是天台所說的「除病不去法」的旨趣。

三、「緯」──「六即思想」的眞理觀與「十乘觀法」的方法論

（一）《周易禪解》的真理觀

　　智旭以「大」、「剛」、「健」、「中」、「正」、「純」、「粹」、「精」等八個精要的字眼來比況佛性，〔註2〕進一步透過「佛性乾體，法爾具足六爻始終修證之相」，來旁通十法界的迷悟之情，藉以強調「性必具修」的道理。說明聖人

〔註2〕以要言之，即不變而隨緣，即隨緣而不變。豎窮橫遍，絕待難思，但可強名之曰：「大」耳！其性雄猛物莫能壞，故名「剛」。依此性而發菩提心，能動無邊生死大海，故名「健」。非有無眞俗之二邊，故名「中」。非斷常空假之偏法，故名「正」。佛性更無少法相雜，故名「純」。是萬法之體要，故名「粹」。無有一微塵處，而非佛性之充遍貫徹者，故名「精」。以上參見智旭：《周易禪解》，《嘉興藏》冊20，頁400上。

藉由乘此「即而常六」之龍，以統御融合「六而常即」之天。所有的眾生都能夠通過修德的努力過程而體證佛性；一旦證悟佛性，即能根據眾生稟性的不同而化身雲、雨令眾生雨露均霑，而使一切眾生皆同成正覺、天下太平。此正是「全修在性」的道理。〔註3〕由於佛陀親證佛性常住法身，明瞭諸法究竟實相，知悉眾生佛性本具，只是各人的迷悟與時節因緣的差異，而權巧施設，假立修證佛性歷程的六個階位。階位雖然區分為六個，但位位皆表詮佛性本自具足、佛性不二；藉由禪觀的實踐，便能夠逐漸提高對佛性的體解與證悟，在《法華經》中甚至以三草二木來譬喻眾生的根器，各隨其稟性而證得佛性。

《周易禪解》中廣談性德、修德、一心三觀、三德、三諦，近百處之多。《周易禪解》有言：「不以性德濫修德，時節因緣假分六位，達此六位無非一理。則位位皆具龍德，而可以御天矣。天即性德也。修德有功，性德方顯，故名御天。」吾人的性德雖有六個階位之別，然而其德性（佛性）卻本具；了知吾人雖德性本具，但卻有進退得失的可能性，如此則能進一步修養德性以達究竟圓滿。在天台圓教所謂的理即佛，乃至究竟即佛。若能乘此「即而常六」的修德，以揭顯「六而常即」的性德，正符合《易經》上所說的「乘六龍以御天」。

（二）《周易禪解》的方法論

在《周易禪解》裡，智旭將《易經》卦序的第三卦（屯卦）至第十二卦比卦，共十個卦比附十乘觀法；此外，將《易》視同十乘觀法的第一觀——「觀不思議境」，並將孔子著名的三陳九卦與十乘觀法的第二觀至第十觀會通。在佛法的實踐上，以直觀吾人的第六意識識陰現前一念心即空即假即中之不思議境為津要，再以天台圓教十乘觀法的第二到第九觀法為輔助。在《周易禪解》中，十乘觀法與《易經》卦爻的會通，除了上述所論的卦爻與觀法對應之外，最典型而有系統者，當屬十乘觀法與《易經》中著名的孔子三陳的憂患九卦之會通。

善於修持實踐圓頓止觀者，只須就路還家。當知一切法皆是佛法，縱使吾人的一念無明產生，但若能觀照無明無住之理，而生起對法性有了正確認知的智慧，則此無明動相即成了智顗所說的三因佛性中的「了因佛性」，它具

〔註3〕智旭：《周易禪解》，《嘉興藏》冊20，頁400上。

有智慧的特性；因無明而產生的雲之境界相，適足以興雲佈雨廣澤潤群黎草木而積累福德資糧，成就三因佛性中的「緣因佛性」，助以圓成佛道。就緣因、了因來論實踐方法，則在時間的縱軸上豎論三止三觀名經，而在橫軸的空間來論十界百界千如之一念三千，則名之爲緯。上述所論即是十乘觀法中的第一種觀法——「觀不思議境」之內涵。

四、心易不二，不可思議

綜上所述，智旭無不以「現前一念心」貫串《周易禪解》之全書旨要，揭顯心與易之特質，經智旭詮釋會通之後，使兩者的場域擴大到無窮無盡，且能隨時隨地進德修業。筆者以爲，智旭《周易禪解》的思想特質：（一）四聖思想，闡盡精華。（二）儒佛會通，事事無礙。（三）知行合一，畢竟成佛。（四）詮釋典範，永垂萬世。智旭以天台圓教理圓詮《易》，揭顯吾人的「現前介爾一念心（六識妄心）」之中，其體具足了三千諸法，圓具即空、即假、即中的圓妙三諦。使《易》如日月昭著煥然、亦如覺者之智光普照於世，誠非虛語；有緣覽閱《周易禪解》者，而更能善觀此心不可思議，則《易》通部盡爲佛典精髓矣！職是之故，《周易禪解》亦不可思議！

第二節　研究反思——觀心即佛，止於至善

筆者立足於研究先進們的研究成果基礎上，完成了本論文的撰著，在撰畢本論文後，於此提出反思，藉以突破在未來可能遭逢的困境。

雖然，本論文的研究彌補了當前《周易禪解》研究成果上見樹不見林的不足之處，揭顯智旭以其獨創的「現前一念心」思想爲經、眞理觀（天台圓教六即思想）及方法論（天台圓教十乘觀法）等爲緯的詮釋進路與內涵，以及對於智旭所引諸家之說的來源依據，詳加考證，進而釐清其思想脈絡，對於吾人一探智旭思想源頭具有莫大的幫助，從此不必再囫圇吞棗地等閒觀諸家之言。然而，筆者以爲，不應以此爲滿足，衷心感謝學術界先進們的辛勞付出，筆者才能聳立於巨人的肩膀上，而望向無盡的眞理境界。

在歷經諸師口考、修改完畢之際，筆者告訴自己：要繼續涵養寬闊的胸襟，充實學問，才能廣納各種不同的見解，趨證眞理的堂奧。感恩在撰寫本論文的過程中，給予多方協助的師友們，有了您們的鼓勵與傾囊相授，才使

得本論文能如期完成。當然，好的文章除了必須生命真實的全力以赴之外，經過時間的沉澱與思想潛沉，也很重要。或許本論文因基於生涯規劃而倉促完成，因此粗疏之處，定然有之。然而，「文章千古事，得失寸心知」，作品有它自己的生命與因緣，它的好壞就任由人們去評論吧。撰畢此文，頗有似曾相識之感；彷彿在某個不確定的時間，就在此處，彷彿〈智旭《周易禪解》之研究〉這本論文同一題名、同一內容，筆者早已寫過了，只是原文再重現一次，再作一次觀心活動，藉以明白「易即吾人的不思議心體」，展開「觀己心即佛心」之歷程而已。希冀未來能繼續研幾易佛之學，對於本論文未盡完善之處，勤加完璧，掩瑕顯瑜，介吾慧光。

參考文獻

一、古代典籍

（一）中國典籍：（按姓氏升冪及年代遠近順序排列，古籍經今人標點者亦列於此）

1. 〔魏〕王弼：《周易注》，北京：中華書局，2011 年。

2. 〔魏〕王弼、〔晉〕韓康伯注，〔唐〕孔穎達正義：《宋本周易注疏》，北京：中華書局，1988 年。

3. 〔魏〕王弼、〔晉〕韓康伯注：《周易註》10 卷，《景印文淵閣四庫全書・經部・易類》，臺北：臺灣商務印書館，第 7 冊，1983 年。

4. 中華書局編輯部點校：《全唐詩》，北京：中華書局，全 15 冊，1999 年。

5. 〔唐〕孔穎達著，余培德點校：《周易正義》，北京：九州出版社，2004 年。

6. 〔宋〕朱熹：《四書章句集注》，北京：中華書局，2010 年。

7. 〔宋〕朱熹：《周易本義》，北京：中華書局，2009 年。

8. 〔宋〕朱熹：《周易本義》，南京：鳳凰出版社，2011 年 1 月。

9. 〔宋〕朱熹集註：《詩集傳》，北京：中華書局，1978 年。

10. 〔清〕朱駿聲：《六十四卦經解》，北京：中華書局，2009 年。

11. 〔清〕李光地撰，馮雷益、鐘友文整理：《御纂周易折中》，北京：中央編譯出版社，全 3 冊，2011 年。

12. 〔清〕李道平：《周易集解纂疏》，北京：中央編譯出版社，2011 年。

13. 〔唐〕李鼎祚：《周易集解》，北京：中央編譯出版社，2011 年。

14. 〔元〕保巴撰，陳少彤點校：《周易原旨・易源奧義》，北京：中華書局，2010 年。

15. 〔清〕紀昀總纂：《四庫全書總目提要》，石家庄：河北人民出版社，2000年。

16. 〔清〕孫星衍：《孫氏周易集解》，《續修四庫全書》，上海：上海古籍出版社，2002年。

17. 〔清〕納蘭性德輯：《通志堂經解》，揚州：江蘇廣陵古籍刻印社，1996年。

18. 〔明〕胡廣等撰：《周易傳義大全》，《景印文淵閣四庫全書・經部・易類》，臺北：臺灣商務印書館，第 90 冊，1983 年。

19. 〔清〕胡渭撰，鄭萬耕點校：《易圖明辨》，北京：中華書局，2009 年。

20. 〔清〕章學誠：《文史通義》，上海：上海書店，1998 年。

21. 〔元〕脫脫等撰：《二十五史・宋史》，上海：開明書店，1937 年。

22. 〔明〕張振淵：《石鏡山房周易說統》，《四庫全書存目叢書・經部》，濟南：齊魯書社，第 26 冊，1997 年。

23. 〔清〕惠棟：《易例》，上海：商務印書館，1936 年。

24. 〔明〕黃道周：《易象正》，北京：中華書局，2011 年。

25. 〔清〕黃宗羲：《易學象數論（外二種）》，北京：中華書局，2011 年。

26. 〔清〕黃宗羲：《黃宗羲全集》，杭州：浙江古籍出版社，全 8 冊，1999年。

27. 〔宋〕楊簡：《楊氏易傳》，《景印文淵閣四庫全書・經部・易類》，臺北：臺灣商務印書館，全 3 卷，1983 年。

28. 〔宋〕楊萬里：《誠齋易傳》，《景印文淵閣四庫全書・經部・易類》，臺北：臺灣商務印書館，第 14 冊，1983 年。

29. 〔宋〕陸九淵：《陸九淵集》，北京：中華書局，2010 年。

30. 〔清〕萬斯同撰，《續修四庫全書》編撰委員會編：《續修四庫全書・324・史部・別史類・明史》，上海：上海古籍出版社，2002 年。

31. 〔明〕釋智旭著，曾其海疏論：《周易禪解疏論》，上海：上海古籍出版社，2006 年。

32. 〔明〕釋智旭著，周易工作室點校：《周易禪解》，北京：九州出版社，2004年。

33. 〔明〕釋智旭撰，釋延佛整理：《禪解周易四書》，北京：九州出版社，2011年。

34. 〔明〕釋智旭著，方向東、謝秉洪校注：《周易禪解》，揚州：廣陵書社，2006 年。

35. 釋智旭：《蕅益大師全集》，臺北：佛教書局，全 20 冊，1989 年。

36. 釋智旭：《周易禪解》，《無求備齋易經集成本》，臺北：成文出版社，1976

年。釋智旭:《周易禪解》,臺北:新文豐出版社,1994 年。

37. 釋智旭:《周易禪解》,江蘇:廣陵古籍刻印社,1998 年。

38.〔宋〕蘇軾撰:《東坡易傳》,《景印文淵閣四庫全書》,臺北:臺灣商務印書館,第 9 冊,1983 年。

39.〔宋〕蘇軾撰:《東坡易傳》,《景印摛藻堂四庫全書・經部・易類》,臺北:世界書局,第 2 冊,1986 年。

(二) 佛教典籍:(按《大正藏》、《嘉興藏》、《卍續藏》等經碼順序排列)

1.〔東晉〕伽提婆譯:《中阿含經》,《大正藏》冊 1。

2.〔後秦〕佛陀耶舍、竺佛念譯:《長阿含經》,《大正藏》冊 1。

3.〔後秦〕鳩摩羅什譯:《金剛般若波羅蜜多經》,《大正藏》冊 8。

4.〔後秦〕鳩摩羅什譯:《摩訶般若波羅蜜多經》,《大正藏》冊 8。

5.〔後秦〕鳩摩羅什譯:《佛說仁王般若波羅蜜經》,《大正藏》冊 8。

6.〔東晉〕佛馱跋陀羅譯:《大方廣佛華嚴經》,《大正藏》冊 9。

7.〔後秦〕鳩摩羅什譯:《妙法蓮華經》,《大正藏》冊 9。

8.〔北涼〕曇無讖譯:《大般涅槃經》,《大正藏》冊 12。

9.〔後秦〕鳩摩羅什譯:《維摩詰所說經》,《大正藏》冊 14。

10.〔姚秦〕龜茲國三藏鳩摩羅什譯:《思益梵天所問經》,《大正藏》冊 15。

11.〔北涼〕曇無讖譯:《金光明經》,《大正藏》,冊 16。

12.〔元魏〕菩提流支譯:《佛說不增不減經》,《大正藏》,冊 16。

13.〔宋〕求那跋陀羅譯:《楞伽阿跋多羅寶經》,《大正藏》,冊 16。

14.〔唐〕般剌蜜帝譯:《大佛頂首楞嚴經》,《大正藏》冊 19。

15.〔後秦〕竺佛念譯:《菩薩瓔珞本業經》,《大正藏》冊 24。

16. 龍樹造,〔後秦〕鳩摩羅什譯:《大智度論》,《大正藏》冊 25。

17. 龍樹造,〔後秦〕鳩摩羅什譯:《十住毘婆沙論》,《大正藏》冊 26。

18. 婆藪盤豆造,〔陳〕真諦譯:《阿毘達磨俱舍釋論》,《大正藏》冊 29。

19. 龍樹造,清目釋,〔後秦〕鳩摩羅什譯:《中論》,《大正藏》冊 30。

20. 天親造,〔陳〕真諦譯:《佛性論》,《大正藏》冊 31。

21. 護法等造,〔唐〕玄奘譯:《成唯識論》,《大正藏》冊 31。

22. 世親釋,〔陳〕真諦譯:《攝大乘論釋》,《大正藏》冊 31。

23.〔後魏〕勒那摩提譯:《究竟一乘寶性論》,《大正藏》冊 31。

24. 馬鳴造,〔梁〕真諦譯:《大乘起信論》,《大正藏》冊 32。

25. 〔隋〕智顗說：《妙法蓮華經玄義》，《大正藏》冊 33。

26. 〔唐〕湛然述：《法華玄義釋籤》，《大正藏》冊 33。

27. 〔隋〕智顗說：《妙法蓮華經文句》，《大正藏》冊 34。

28. 〔隋〕智顗說，灌頂記：《觀音玄義》，《大正藏》冊 34。

29. 〔宋〕知禮述：《觀無量壽佛經疏妙宗鈔》，《大正藏》，37 冊。

30. 〔梁〕明駿：《大般涅槃經集解》，《大正藏》，37 冊。

31. 〔隋〕智顗說，灌頂記：《維摩經略疏》，《大正藏》，冊 38。

32. 〔隋〕智顗說，灌頂記：《金光明經文句》，《大正藏》，39 冊。

33. 〔隋〕智顗說，灌頂記：《金光明經玄義》，《大正藏》，39 冊。

34. 〔唐〕釋遁倫集撰：《瑜伽論記》，《大正藏》冊 42。

35. 〔明〕智旭撰：《大乘起信論裂網疏》，《大正藏》冊 44。

36. 〔胡〕吉藏：《大乘玄論》，《大正藏》冊 45。

37. 〔唐〕法藏述：《華嚴一乘教義分齊章》，《大正藏》冊 45。

38. 〔隋〕慧思授：《大乘止觀法門》，《大正藏》冊 46。

39. 〔隋〕智顗撰：《釋禪波羅蜜次第法門》，《大正藏》冊 46。

40. 〔隋〕智顗說，灌頂記：《四念處》，《大正藏》冊 46。

41. 〔唐〕湛然述：《金剛錍》，《大正藏》冊 46。

42. 〔明〕智旭述：《教觀綱宗》，《大正藏》冊 46。

43. 〔隋〕智顗說：《摩訶止觀》，《大正藏》冊 46。

44. 諦觀著：《天台四教儀》，《大正藏》冊 46。

45. 〔隋〕灌頂撰：《觀心論疏》，《大正藏》冊 46。

46. 〔隋〕智顗說：《釋禪波羅蜜次第法門》，《大正藏》冊 46。

47. 〔隋〕智顗說：《六妙法門》，《大正藏》冊 46。

48. 〔隋〕智顗述：《修習止觀坐禪法要》，《大正藏》冊 46。

49. 〔唐〕湛然述：《止觀義例》，《大正藏》冊 46。

50. 〔明〕傳燈：《淨土生無生論》，《大正藏》冊 47。

51. 〔宋〕宗曉編：《樂邦遺稿》，《大正藏》冊 47。

52. 〔宋〕吳越永明延壽集：《宗鏡錄》，《大正藏》冊 48。

53. 〔南宋〕志磐撰：《佛祖統紀》，《大正藏》冊 49。

54. 〔宋〕契嵩：《鐔津文集》，《大正藏》冊 52。

55. 〔明〕智旭撰：《周易禪解》，《嘉興藏》冊 20。

56.〔明〕智旭撰:《閱藏知津》,《嘉興藏》冊 32。

57.〔明〕袾宏撰:《自知錄》,《雲棲法彙‧卷 1–卷 11》,《嘉興藏》冊 32。

58.〔明〕成時輯:《靈峰蕅益大師宗論》,《嘉興藏》冊 36。

59.〔唐〕實叉難陀譯經,李通玄造論,志寧釐經合論:《華嚴經合論》,《卍續藏》冊 4。

60.〔宋〕釋從義撰:《金光明經文句新記》,《卍續藏》冊 20。

61.〔明〕智旭述:《占察善惡業報經玄義》,《卍續藏》冊 21。

62.〔隋〕智顗撰:《維摩經文疏》,《卍續藏》冊 28。

63.〔明〕智旭撰:《妙法蓮華經台宗會義》,《卍續藏》冊 32。

64.〔明〕智旭撰:《成唯識論觀心法要》,《卍續藏》冊 51。

65.〔唐〕遁麟述:《俱舍論頌疏記》,《卍續藏》冊 53。

66.〔陳〕南嶽慧思撰:《隨自意三昧》,《卍續藏》冊 55。

67.〔明〕智旭述:《大乘止觀法門釋要》,《卍續藏》冊 55。

68.〔明〕智旭撰:《教觀綱宗釋義》,《卍續藏》冊 57。

69.〔明〕傳燈撰:《性善惡論》,《卍續藏》冊 57。

70.〔明〕幽溪撰:《淨土生無生論會集》,《卍續藏》,冊 61。

71.〔明〕古崑集:《淨土神珠》,《卍續藏》,冊 62。

72.〔宋〕永明延壽述:《心賦注》,《卍續藏》冊 63。

73.《達磨大師悟性論》,《卍續藏》,冊 63。

74.〔明〕憨山德清撰:《紫柏尊者全集》,《卍續藏》冊 73。

75.〔明〕憨山德清撰:《憨山老人夢遊集》,《卍續藏》冊 73。

76. 寶曇述:《大光明藏》,《卍續藏》冊 79。

77.〔隋〕智顗述:《觀心論》,《卍續藏》冊 99。

二、當代學術專書（依中外文作者姓名筆劃之順序排列）

1. 王邦雄、岑溢成等:《中國哲學史》,臺北:里仁書局,全 2 冊,2009 年。

2. 尤惠貞:《天台哲學與佛教實踐》,嘉義:南華大學,1999 年。

3. 牟宗三:《周易的自然哲學與道德函義》,臺北:文津出版社,1988 年。

4. 牟宗三:《心體與性體》,臺北:正中書局,全 3 冊,2009 年 10 月。

5. 牟宗三:《中國哲學十九講》,臺北:臺灣學生書局,2002 年。

6. 牟宗三:《佛性與般若》,台北:臺灣學生書局,全 2 冊,2004 年。

7. 朱伯崑：《易學哲學史》，北京：華夏出版社，全4卷1995年。

8. 朱封鰲校釋：《妙法蓮華經文句校釋》，北京：宗教文化出版社，2000年。

9. 向世陵：《理氣性心之間──宋明理學的分系與四系》，北京：人民出版社，2008年。

10. 任宜敏：《中國佛教史・明代》，北京：人民出版社，2009年。

11. 安藤俊雄著，蘇榮焜譯：《天台學──根本思想及其展開》，臺北：慧炬出版社，2004年。

12. 安平秋、張傳璽主編：《漢書》，上海：漢語大詞典出版社，全3冊，2004年。

13. 呂澂：《中國佛學源流略講》，臺北：大千出版社，2010年。

14. 吳汝鈞著，陳森田譯：《中道佛性詮釋學──天台與中觀》，臺北：臺灣學生書局，2010年。

15. 吳汝鈞：《中國佛學的現代詮釋》，臺北：文津出版社，1998年。

16. 吳汝鈞：《法華玄義的哲學與綱領》，臺北：文津出版社，2002年。

17. 吳汝鈞：《佛教的概念與方法》，臺北：臺灣商務印書館，1992年。

18. 吳汝鈞：《當代新儒學的深層反思與對話詮釋》，臺北：臺灣學生書局，2009年。

19. 吳汝鈞：《佛學研究方法論》，臺北：臺灣學生書局，全2冊，2006年。

20. 李威熊：《中國經學發展史論》，臺北：文史哲出版社，上冊，1988年。

21. 李志夫編著：《摩訶止觀之研究》，臺北：法鼓文化事業公司，全2冊，2007年。

22. 李志夫編著：《妙法蓮華經玄義之研究》，臺北：中華佛教文獻編撰社，全2冊，1997年。

23. 李四龍：《天台宗與佛教史研究》，北京：宗教文化出版社，2011年。

24. 余嘉錫：《四庫提要辨證》，北京：中華書局，全4冊，1980年。

25. 杜松柏：《國學治學方法》，北京：中國人民大學出版社，2005年。

26. 杜維運：《史學方法論》，臺北：三民書局，1995年。

27. 杜澤遜：《文獻學概要》，北京：中華書局，2005年。

28. 沈海燕：《法華玄義探微》，高雄：佛光文化事業有限公司，2011年。

29. 沈海燕：〈《法華玄義》的哲學〉，上海：上海古籍出版社，2011年。

30. 屈萬里：《尚書今註今譯》，臺北：臺灣商務印書館，1984年。

31. 周振甫譯注：《周易譯注》，北京：中華書局，2008年。

32. 林麗真：《義理易學鉤玄》，臺北：大安出版社，2004年。

33. 林朝成、郭朝順：《佛學概論》，臺北：三民書局，2007年。

34. 林國良：《成唯識論直解》，高雄：佛光文化事業公司，全 2 冊，2004 年。

35. 韋政通：《中國思想史》，臺北：水牛圖書出版事業公司，全 2 冊，1998 年。

36. 冒廣生撰述，冒懷辛、毛景華整理：《冒鶴亭京氏易三種》，成都：巴蜀書社，2009 年。

37. 孫振青：《宋明道學》，臺北：千華出版公司，1986 年。

38. 容肇祖：《明李卓吾先生贄年譜》，臺北：臺灣商務印書館，1982 年。

39. 高亨著，王大慶整理：〈高亨《周易》九講〉，北京：中華書局，2011 年。

40. 高亨：《周易大傳今注》，濟南：齊魯書社，2008 年。

41. 高亨：《周易古經今注》，北京：中華書局，1989 年。

42. 胡順萍：〈《華嚴經》之「成佛」論〉，臺北：萬卷樓圖書公司，2006 年。

43. 梁啟超：《佛學研究十八篇》，湖南：湘潭大學出版社，2011 年。

44. 夏金華：《佛學與易學》，臺北：新文豐出版公司，1997 年。

45. 梁隱盦：〈儒佛兩家思想的異同〉，《普門學報》第 50 期，2009 年 3 月。

46. 張其成：《象數易學》，廣西：科學技術出版社，2009 年。

47. 張麗珠：《中國哲學史三十講》，臺北：里仁書局，2007 年。

48. 張建業主編，邱少華注：《李贄全集注》，北京：社會科學文獻出版社，全 26 冊，2010 年。

49. 崔富章：《四庫提要補正》，杭州：杭州大學出版社，1990 年。

50. 傅斯年：《性命古訓辨證》，桂林：廣西師範大學出版社，2006 年。

51. 傅佩榮：《不可思議的易經占卜》，臺北：時報文化公司，2010 年。

52. 傅佩榮：《易經解讀》，臺北：立緒文化事業有限公司，2012 年。

53. 閔建蜀：〈《易經》解析：方法與哲理〉，香港：中文大學出版社，2011 年。

54. 黃壽祺、張善文：《周易譯注》，上海：上海世紀出版、上海古籍，2008 年。

55. 黃怡婷：〈釋智旭及其《閱藏知津》之研究〉，臺北：花木蘭文化出版社，2007 年。

56. 雲門學園編製：《摩訶止觀表解》，臺北：華梵大學出版部，1999 年。

57. 曾運乾：《尚書正讀》，臺北：華正書局，1982 年。

58. 曾華東：《以史證易——楊萬里易學哲學研究》，北京：人民出版社，2011 年。

59. 〔日〕荒木見悟著，廖肇亨譯：《明末清初的思想與佛教》，上海：上海古籍出版社，2010 年。

60. 馮友蘭：《中國哲學史新編》，臺北：藍燈文化事業公司，全 7 冊，1981 年。

61. 湯用彤：《漢魏兩晉南北朝佛教史》，北京：中華書局，1983 年。

62. 湯用彤：《隋唐佛教史稿》，武漢：武漢大學出版社，2008 年。

63. 楊維中：《心性與佛性》，《中國佛教學術論典》，高雄：佛光山文教基金會，第 12 冊，2001 年。

64. 楊維中：《中國唯識宗通史》，南京：鳳凰出版社，全 2 冊，2008 年。

65. 廖明活：《中國佛教思想述要》，臺北：臺灣商務印書館，2006 年。

66. 廖明活：《中國佛性思想的形成和開展》，臺北：文津出版社，2008 年。

67. 潘桂明、吳忠偉：《中國天台宗通史》，南京：鳳凰出版社，2008 年。

68. 潘桂明：《中國佛教思想史稿·第三卷·宋元明清近代卷上、下》，南京：江蘇人民出版社，2009 年。

69. 胡瀚平：《話解易經》，臺北：五南圖書出版公司，全 2 冊，1996 年。

70. 胡瀚平：《宋象數易學研究》，臺北：五南圖書出版公司，1994 年。

71. 胡瀚平：《儒家心性與天道》，臺北：商鼎文化出版社，1996 年。

72. 胡瀚平：《周易思想探微》，臺北：商鼎文化出版社，1997 年。

73. 劉兆祐：《治學方法》，臺北：三民書局，2004 年。

74. 郭朝順：《天台智顗的詮釋理論》，臺北：里仁書局，2004 年。

75. 錢穆：《中國近三百年學術史》，北京：商務印書館，全 2 冊，1980 年。

76. 陳永革：《晚明佛教思想研究》，北京：宗教文化出版，2007 年。

77. 陳劍鍠：《圓通證道——印光的淨土啓化》，臺北：東大圖書公司，2002 年。

78. 陳鼓應註譯：《老子今註今譯及評介》，臺北：臺灣商務印書館，1991 年。

79. 陳堅：《無明即法性——天台宗止觀思想研究》，臺北：法鼓文化事業公司，2005 年。

80. 戴璉璋：《易傳之形成及其思想》，臺北：文津出版社，1997 年。

81. 戴璉璋、吳光主編：《劉宗周全集》，臺北：中央研究院中國文哲研究所籌備處，全 5 部 6 冊，1997 年。

82. 蔡仁厚：《王陽明哲學》，臺北：三民書局，1983 年。

83. 謝金良：《〈周易禪解〉研究》，四川：巴蜀書社，2006 年。

84. 鎌田茂雄著·韓瑜譯：《天台思想入門》，高雄：佛光文化事業公司，1993 年。

85. 釋恆清：《佛性思想》，臺北：東大圖書公司，1997 年。

86. 釋見晔：《明末佛教發展之研究——以晚明四大師爲中心》，臺北：法鼓

文化事業公司，2007 年。

87. 釋聖嚴：《天台心鑰──教觀綱宗貫註》，臺北：法鼓文化事業公司，2005年。

88. 釋聖嚴：《明末佛教研究》，臺北：法鼓文化事業公司，2009 年。

89. 釋聖嚴：《大乘止觀法門之研究》，臺北：法鼓文化事業公司，2005 年。

90. 釋聖嚴著，釋會靖譯：《明末中國佛教之研究》，臺北：法鼓文化事業公司，2009 年。

91. 釋聖嚴：〈天台思想的一念三千〉，《現代佛教學術叢刊》第 57 期，臺北：大乘文化出版社，1979 年。

92. 釋永本釋譯：《天台四教儀》，臺北：佛光文化事業有限公司，1997 年。

93. 釋慧嶽：《天台教學史》，臺北：中華佛教文獻編撰社，1995 年。

94. 釋靜權：《天台宗綱要》，臺北：佛陀教育基金會，1982 年。

95. 釋諦觀著‧蒙潤註‧從義解‧元粹釋，釋慧嶽概說：《天台四教儀集註‧集解‧備釋合刊》，臺北，中華佛教文獻編撰社，1992 年。

96. 龔鵬程：《晚明思潮》，宜蘭：佛光人文社會學院編譯出版中心，2001 年。

97. 龔曉康：《融會與貫通：蕅益智旭思想研究》，四川：巴蜀書社，2009 年。

三、期刊論文與學位論文 (依中外文作者姓名筆劃之順序排列)

(一) 期刊論文

1. 王玲月：〈從《周易禪解》看生命中的時與位〉，《玄奘人文學報》第 8 期，新竹：玄奘大學，2008 年 7 月。

2. 成中英：〈論易之五義與易的本體世界〉，《臺北大學中文學報》創刊號，臺北：臺北大學，2006 年。

3. 李雅雯：〈由道入佛──《自知錄》功過格研究〉，《成大宗教與文化學報》第 1 期，2001 年 12 月，頁 183～198。

4. 林文彬：〈《易經》與佛學的交會──智旭《周易禪解》試析〉，《興大中文學報》第 19 期，台中：中興大學，2006 年 6 月。

5. 林志欽：〈天台宗教觀思想體系及其對應關係──兼論化法四教之關係〉，臺北：《台大佛學研究》第 17 期，2009 年 6 月。

6. 林志欽：〈天台宗圓教法門之詮釋與普及化問題探討〉，臺北：《台大佛學研究》第 19 期，2010 年 6 月。

7. 林妙貞：〈略述天台圓教「一念無明法性心」之兩重存有論及其特殊義涵〉，《揭諦學刊》第 22 期，嘉義：南華大學哲學與生命教育學系，2012年 1 月。

8. 姜穎：〈論王宗傳的易學觀〉，《周易研究》2010 年第 6 期。

9. 張雪松：〈晚明以來僧人名號及譜系研究〉，《玄奘佛學研究》第 15 期，新竹：玄奘大學宗教學研究所，2011 年 3 月。

10. 郜積意：〈論三卷本之《京氏易傳》，兼及京房的六日七分說〉，《中國文哲研究集刊》第 33 期（2008 年 9 月），頁 205～251。

11. 郭朝順：〈論天台觀心詮釋的「理解」與「前見」問題〉，《法鼓佛學學報》第 2 期，臺北：法鼓佛教研修學院，2008 年。

12. 閻耀棕：〈《周易禪解》所收《易》圖之詮釋初探〉，《中國文學研究》第 29 期，臺北：臺灣大學中國文學研究所，2010 年 1 月。

13. 鄭雅芬：〈蕅益大師《論語點睛》探究〉，台中：《興大中文學報》第 23 期，2008 年 6 月。

14. 釋正持：〈智旭《周易禪解》的天台禪觀思想〉《弘光人文社會學報第十四期》，台中：弘光科技大學，2011 年 5 月。

15. 釋性廣：〈《圓頓止觀探微》摘要〉，《弘誓月刊》111 期，2011 年 6 月。

（二）學位論文

1. 王秀花：《明末佛教發展之研究——以晚明四大師為中心》，嘉義：中正大學歷史研究所博士學位論文，1997 年。

2. 洪梅珍：《李通玄及其華嚴學之研究》，高雄：高雄師範大學國文學系博士學位論文，2010 年 6 月。

3. 張韶宇：《智旭佛學易哲學研究》，濟南：山東大學中國哲學系博士學位論文，2011 年 4 月。

4. 黃鴻文：《蕅益智旭「現前一念心」研究》，臺中：中興大學中國文學系碩士學位論文，2009 年。

5. 楊維中：《心性與佛性——中國佛教心性論及其相關問題研究》，南京：南京大學哲學系博士學位論文，1998 年。

6. 陳進益：《蕅益智旭「易佛會通」研究》，臺北：東吳大學中國文學研究所博士學位論文，2004 年。

7. 陳彥戎：《蕅益智旭《周易禪解》儒佛會通思想研究》，臺北：輔仁大學中文系博士學位論文，2007 年。

8. 釋正持：《天台化法四教之研究——以智顗、智旭的論述為主》，圓光佛學研究所畢業論文，2006 年 6 月。

四、工具書

1. 丁福保編：《佛學大辭典》，臺北：新文豐出版公司，全 4 卷，1981 年。

2. 平川彰編：《佛教漢梵大辭典》，東京：いんなあとりつぷ社，1997 年。

3. 朱芾煌編：《法相辭典》，長沙：商務印書館，1939 年。

4. 吳汝鈞編：《佛教大辭典》，北京：商務印書館，1995 年。

5. 谷衍奎編：《漢字源流字典》，北京：語文出版社，2008 年。

6. 〔東漢〕許慎撰，〔清〕段玉裁注：《說文解字注》，上海：上海古籍出版社，1997 年。

7. 佛光大辭典編修委員會編：《佛光大辭典》，高雄：佛光出版社，1988 年。

8. 慈怡主編：《佛教史年表》，高雄：佛光出版社，1987 年。

9. 望月信亨主編：《望月佛教大辭典》，東京：世界聖典刊行協會，1954 年增訂版。

10. 荻原雲來編：《漢譯對照梵和大辭典》，臺北：新文豐出版社，2003 年。

11. 陳義孝編，竺摩法師鑑定：《佛學常見辭彙》，臺北：財團法人佛陀教育基金會，2000 年。

12. 陳國慶編：《漢書藝文志注釋彙編》，北京：中華書局，1983 年。

13. 羅竹風主編：《漢語大詞典》，上海：漢語大詞典出版社，全 13 冊，1994 年。

14. 釋慧岳監修，釋會旻主編：《天台教學辭典》，臺北：中華佛教文獻編撰社，1997 年。

附錄：智旭年表

　　本年表的整理，旨在方便吾人知曉智旭生平大要，並清楚呈現智旭的一生行誼。筆者參考了智旭之傳略與相關著作，並依〈八不道人傳〉[註1] 所述的內容，將其一生事蹟，加上朝代年代及西元年代，繫以〈八不道人傳〉的內容，歸納本簡略年表，以便吾人閱讀本論文時，作爲參照之用。

〔明〕萬曆二十七年己亥（1599 年）

　　智旭生於此年，五月三日亥時。俗姓鍾，名際明，又名聲，字振之。先世汴梁（河南開封縣的古地名）人。始祖南渡，居古吳江蘇太湖北濱的木瀆鎮。母金氏大蓮，以父鍾之鳳（字岐仲），持白衣大悲咒十年，夢大士送子而生。

〔明〕萬曆三十三年乙巳（1605 年）

　　智旭七歲茹素。

〔明〕萬曆三十八年庚戌（1610 年）

　　智旭十二歲就外傳，聞聖學，即千古自任，誓滅釋老。開葷酒，作論數十篇闢異端，夢與孔顏晤言。

〔明〕萬曆四十三年乙卯（1615 年）

　　十七歲，閱《自知錄·序》，及《竹窗隨筆》，乃不謗佛，取所著闢佛論焚之。

〔明〕萬曆四十六年戊午（1618 年）

[註1] 案：〈八不道人傳〉曾經智旭親筆評語過，爲研究智旭生平的第一手最爲可靠的資料，筆者特詳爲考察，依明朝年代、西元年代及事蹟編定年表。參見蕅益智旭：《靈峰蕅益大師宗論》，《嘉興藏》冊 36，頁 253 上～254 下。

二十歲，詮論語，至天下歸仁，不能下筆。廢寢忘餐三晝夜，大悟孔顏心法。多喪父，聞地藏本願，發出世心。

〔明〕萬曆四十八年庚申（1620年）

二十二歲，專志念佛。盡焚窗槁二千餘篇。

〔明〕萬曆四十九年辛酉（1621年）

二十三歲，聽大佛頂經，謂世界在空，空生大覺，遂疑何故有此大覺，致為空界張本，悶絕無措。但昏散最重，功夫不能成片，因決意出家，體究大事。

〔明〕萬曆五十年壬戌（1622年）

二十四歲，夢禮憨山大師，哭恨緣慳，相見太晚。一月中，三夢憨師，師往曹谿，不能遠從。乃從雪嶺師剃度，命名智旭。雪師，憨翁門人也。夏秋作務雲棲，聞古德法師講唯識論，一聽了了，疑與佛頂宗旨矛盾。請問，師云，性相二宗，不許和會。

〔明〕萬曆五十一年癸亥（1623年）

二十五歲，夏天，逼拶功極，身心世界，忽皆消殞。因知此身，從無始來，當處出生，隨處滅盡，但是堅固妄想所現之影，剎那剎那，念念不住，的確非從父母生也。從此性相二宗，一齊透徹，知其本無矛盾，但是交光邪說，大誤人耳。是時一切經論，一切公案無不現前，旋自覺悟，解發非為聖證，故絕不語一人。久之則胸次空空，不復留一字腳矣。

〔明〕萬曆五十二年甲子（1624年）

智旭二十六歲受菩薩戒。

〔明〕萬曆五十三年乙丑（1625年）

二十七歲遍閱律藏，方知舉世積訛。

〔明〕萬曆五十四年丙寅（1626年）

二十八歲母病篤，四刲肱不救，痛切肺肝。葬事畢，焚棄筆硯，矢往深山。道友鑒空，留掩關於松陵，關中大病，乃以參禪工夫，求生淨土。

〔明〕崇禎元年戊辰（1628年）

三十歲，出關朝海，將往終南，道友雪航，願傳律學。留住龍居，始述毗尼事義集要，及梵室偶談。是年遇惺谷歸一兩友，最得交修之益。

〔明〕崇禎二年己巳（1629 年）

　　三十一歲，送惺谷至博山薙髮，隨無異禪師至金陵，盤桓百有十日，盡諳宗門近時流弊，乃決意宏律。然律解雖精，而煩惱習強，躬行多玷。故誓不爲和尚。

〔明〕崇禎三年庚午（1630 年）

　　三十二歲，擬註《梵網》，作四鬮問佛，一曰宗賢首，二曰宗天台，三曰宗慈恩，四曰自立宗。頻拈得台宗鬮。於是究心台部，而不肯爲台家子孫。以近世台家，與禪宗賢首慈恩各執門庭，不能和合故也。

〔明〕崇禎四年辛未（1631 年）

　　三十三歲秋，惺谷壁如二友去世，始入靈峰過冬，爲作請藏因緣。

〔明〕崇禎六年癸酉（1633 年）

　　三十五歲，造西湖寺，述《占察行法》。

〔明〕崇禎八年乙亥（1635 年）

　　三十七歲，住武水，述《戒消災略釋》、《持戒犍度略釋》、《盂蘭盆新疏》。

〔明〕崇禎九年丙子（1636 年）

　　三十八歲，住九華。

〔明〕崇禎十年丁丑（1637 年）

　　三十九歲，述《梵網合註》。

〔明〕崇禎十二年己卯（1639 年）

　　四十一歲。住溫陵。述《大佛頂玄義文句》。

〔明〕崇禎十三年庚辰（西元 1640 年）

　　四十二歲，住漳州，述《金剛破空論》、《蕅益三頌》、《齋經科註》。

〔明〕崇禎十五年壬午（1642 年）

　　四十四歲，住湖州，述《大乘止觀釋要》。

〔明〕崇禎十六年癸未（1643 年）

　　四十五歲，結夏靈峰，簡閱藏經，僅千餘卷。

〔明〕崇禎十七年甲申（1644 年），〔清〕順治元年甲申（1644 年）

　　四十六歲，住靈峰，述《四十二章經》《遺教經》《八大人覺解》。

〔清〕順治二年乙酉（1645 年），〔南明〕弘光元年乙酉（1645 年）

　　四十七歲，住石城，述《周易禪解》竟。是秋，住祖堂及石城北，共

閱藏經二千餘卷。

〔清〕順治五年戊子（1648 年），〔南明〕弘光二年戊子（1648 年）

　　五十歲，述《唯識心要》《相宗八要直解》《彌陀要解》《四書蕅益解》。

〔清〕順治六年己丑（1649 年），〔南明〕永曆三年己丑（1649 年）

　　五十一歲，冬返靈峰述《法華會義》。

〔清〕順治七年庚寅（1650 年），〔南明〕永曆四年庚寅（1650 年）

　　五十二歲，述《占察疏》，重治律要。

〔清〕順治九年壬辰（1652 年），〔南明〕永曆六年壬辰（1652 年）

　　五十四歲，住晟谿，草楞伽義疏，遷長水而始竟。尚有《閱藏知津》、《法海觀瀾》、《圓覺》、《維摩》、《起信》諸疏，厥願未完，姑俟後緣而已。生平嘗有言曰，漢宋註疏盛，而聖賢心法晦，如方木入圓竅也。隨機羯磨出，而律學衰，如水添乳也。《指月錄》盛行，而禪道壞，如鑿混沌竅也。《四教儀》流傳，而台宗昧，如執死方醫變證也。是故舉世若儒若禪若律若教，無不目為異物，疾若寇讎。道人笑曰，知我者，唯釋迦地藏乎。罪我者，亦唯釋迦地藏乎。孑然長往，不知所終。

〔清〕順治十年癸巳（1653 年），〔南明〕永曆七年癸巳（1653 年）

　　五十五歲，夏四月入新安，結後安居，於歙浦天馬院，著《選佛譜》，閱《宗鏡錄》，刪《正法湧》，永樂法真諸人所竄雜說引經論之誤，及歷來寫刻之訛，於三百六十餘問答，一一定其大義，標其起盡。閱完，作校定《宗鏡錄跋》四則。又汰《袁宏道集》，存一冊，名袁子。秋八月，遊黃山白嶽諸處。冬復結制天馬，著《起信裂網疏》。

〔清〕順治十一年甲午（1654 年），〔南明〕永曆八年甲午（1654 年）

　　五十六歲，於正月應豐南仁義院請，法施畢，出新安。二月後褒灑陀日，還靈峰，夏臥病，選《西齋淨土詩》，製贊補入淨土九要，名《淨土十要》。夏竟，病癒。七月述《儒釋宗傳竊議》。八月續閱大藏竟。九月成《閱藏知津》《法海觀瀾》二書。冬十月病，復有獨坐書懷四律。中有庶幾二三子，慰我一生思之句。十一月十八日，有病中口號偈。臘月初三，有病閒偶成一律。中有名字位中真佛眼，未知畢竟付何人之句。是日口授遺囑，立四誓，命以照南等慈二子傳五戒。菩薩戒，命以照南靈晟性旦三子代座代應請。命闍維後，磨骨和粉麵，分作二分，一分施鳥獸，一分施鱗介，普結法喜，同生西方。十三起淨社，

有願文。嗣有求生淨土偈六首。除夕有艮六居銘，有偈。

〔清〕順治十二年乙未（1655年），〔南明〕永曆九年乙未（1655年）

五十七歲，元旦有偈二首。二十日病復發，二十一日晨起病止。午刻，趺坐繩床角，向西舉手而逝。時生年五十七歲，法臘三十四。僧夏從癸亥臘月，至癸酉自恣日，又從乙酉春，至今乙未正月，共計夏十有九。

〔清〕順治十四年丁酉（1657年），〔南明〕永曆十一年丁酉（1657年）

冬，門人如法茶毗，髮長覆耳，面貌如生，趺坐巍然，牙齒俱不壞，因不敢從粉骸遺囑，奉骨塔於靈峰之大殿右。